산스크리트 원문에서 본
반야심경 역해

산스크리스트 원문에서 본
반야심경 역해

1판 1쇄 발행 2020. 10. 14
1판 4쇄 발행 2023. 2. 27

지은이 김사철·황경환 공저

발행인 고세규
편집 전무규 디자인 정윤수 마케팅 백선미 홍보 최정은

발행처 김영사
등록 1979년 5월 17일(제406-2003-036호)
주소 경기도 파주시 문발로 197(문발동) 우편번호 10881
전화 마케팅부 031)955-3100, 편집부 031)955-3200 | 팩스 031)955-3111

값은 뒤표지에 있습니다.
ISBN 978-89-349-9279-0 03220

홈페이지 www.gimmyoung.com   블로그 blog.naver.com/gybook
인스타그램 instagram.com/gimmyoung   이메일 bestbook@gimmyoung.com

좋은 독자가 좋은 책을 만듭니다.
김영사는 독자 여러분의 의견에 항상 귀 기울이고 있습니다.

이 도서의 국립중앙도서관 출판예정도서목록(CIP)은 서지정보유통지원시스템 홈페이지
(http://seoji.nl.go.kr)와 국가자료공동목록시스템(http://www.nl.go.kr/kolisnet)에서
이용하실 수 있습니다.(CIP제어번호 :CIP2020036789)

산스크리트 원문에서 본

Prajñā - pāramitā - hṛdaya - sūtra

반야심경 역해

김사철 · 황경환 지음

김영사

깨달음에 이르는
21세기 로드맵을
기원하며

한국불교 1,600년 史에 밝혀지지 않았던
반야심경 다섯 만트라의 비밀을 푼다

중생의 모든 고통을 없애고
해탈·열반이라는 대자유의 문을 여는 열쇠가
바로《반야심경》말미의 다섯 만트라임을 밝힌다

"가테가테, 파라가테, 파라상가테, 보디, 스바하."
gategate, pāragate, pārasaṁgate, bodhi, svāhā

이 땅에 불교가 전래된 이래 우리 불자들에게 가장 친숙해진
경전이 있다면, 그것은 아마《반야심경》일 것이다. 어느 절, 어
느 법회 장소이든, 불교 예식에서는 반드시 이《반야심경》이

독송되고 있고, 불자라면 모르는 사람이 없을 정도로 널리 알려져 있다. 260자 《반야심경》의 산스크리트Sanskrit 원문의 제목은 《프라즈냐 파라미타 흐리다야 수트라Prajñā Pāramitā Hṛdaya Sūtra》이다.

지금 우리가 주로 독송하고 있는 《반야심경》은 중국의 현장玄奘, 602~664 스님이 서기 649년에 한문으로 번역한 것으로, 내용이 첨가되거나 앞뒤가 뒤바뀌거나 중요한 내용이 결락된 부분이 있어, 산스크리트 원전原典과는 약간의 차이가 있다. 또한 고대로부터 이 경에 대한 많은 연구와 해석, 주석이 있었지만, 듣는 이에게 그 의미를 분명하게 이해시키지 못하여, 이에 대한 아쉬움이 있었다.

한 언어를 다른 언어로 번역하기 위해서는 두 언어를 단순히 '안다'는 것만으로는 충분하지 않다. 한 언어로 표현된 의미를 알고 다른 언어로 그와 같은 의미를 표현하는 것이 번역의 이상일진대, 이러한 이상에 가장 가깝게 접근하려면 언어로는 다 표현할 수 없는, 말하고자 하는 사람의 인간적 경험을 유추할 수 있어야 한다.

그러나 우리 한국 불교의 사정은 어떠한가. 우리나라에서 널리 유통되고 있는 《반야심경》을 산스크리트 원전에서 아름다운 우리 배달말로 번역하여 누구든지 쉽게 그 뜻을 알 수 있도록 노력하지 않고, 한문 뜻풀이에만 천착해온 현실은 다시 한번 되돌아봐야 할 문제라 생각된다.

영국의 에드워드 콘즈Edward Conze, 1904-1979는 20여 년간을 반야사상과 반야경에 대하여 깊이 연구한 사람이다. 그의 학문적 깊이는 이미 세계적으로 널리 알려져 있다. 특히 그는 반야경을 연구하면서 세계 유수 불교학자들이 이 경의 핵심을 어떻게 이해하였는지 세심히 조사했다. 그리고 그들이 알아낸 중요한 부분을 일일이 언급했지만, 한국의 불교학자나 스님의 이름은 한 번도 거론하지 않았다.

한국 불교 1,600년의 장구한 시간 동안, 지나치게 중국 불교를 답습해온 것이 아닌지, 그 때문에 우리는 위대한 스승 고타마 붓다의 정신과 가르침을 어긋나게 이해하고, 그래서 깨어나는 데 도움이 되지 않는 일에 지나친 에너지를 허비하고 있지 않았는지 되돌아볼 일이다.

필자 역시 불교에 입문한 이후 많은 학자와 스님들의 《반야심경》 강의와 해설서를 보아왔지만, 그 이야기들은 왜 그렇게도 난해한지 이해할 수가 없었다. 누군가가 만약 '그것은 듣고 보는 사람의 무지 때문이야'라고 말한다면, 그 말은 정당화될 수가 없다. 왜냐하면, 부처님께서 무명無明 중생들에게 가르쳐 주신 깨어남의 길[담마dhamma]은, 사실은 부처님 재세在世 시의 시대적 상황을 살펴보면, 요즘의 초등학교를 나오지 않은 사람들도 다 알아들을 수 있는 쉬운 말씀이었기 때문이다. 이는 오늘날 불교 학자들의 일관된 견해이다.

자, 그러면 현장 스님이 '관자재보살觀自在菩薩'로 번역한 '아발로키테슈바라avalokiteśvāra'는 언제 어디에 계셨던 인물인가? '순야śūnya', 즉 '비어 있음[공空]'의 의미는 무엇이고, '루빠rūpa', 즉 물질[색色]'이라고 하는 의미의 화살표는 도대체 어디를 향하고 있는가? '프라즈냐 파라미타prajñā-pāramitā', 즉 '지혜의 완성[반야바라밀다般若波羅密多]'은 무슨 뜻이며, '아눗다라샴먁삼보디anuttara-samyak-saṁbodhi', 즉 '최고의 지식'은 또한 무슨 뜻인가?

경의 말미에 등장하는 '이 신비스러운 만트라[시대신주是大神呪]' '이 밝음의 만트라[시대명주是大明呪]' '이 위 없는 만트라[시무상주是無上呪]' '이 비교할 수 없는 만트라[시무등등주是無等等呪]' '능히 모든 고통을 덜어주는[능제일체고能除一切苦]' '진실하여 허망함이 없다[진실불허眞實不虛]'라는 표현은 무슨 의미이며, '가테가테 파라가테 파라상가테 보디 스바하gategate pāragate pārasaṁgate bodhi svāhā'라는 다섯 개의 만트라에는 도대체 무슨 숨은 뜻이 있어서 그렇게도 극찬을 하고 있는가? 이에 대한 명쾌한 설명이 없다.

고타마는 그의 제자들과의 대화에서 누누이 '수타마야 판냐sutamayā paññā' '친타마야 판냐cintāmayā paññā' '바바나마야 판냐bhāvanāmayā paññā'라고 했다. 이것을 대승불교권에서는 '문사수

聞思修의 지혜'라고 한다. 붓다께서는 제자들에게 "내 말을 우선 들어라"라고 했다. 또한 "내 말을 믿지도 말고 의심도 하지 말라. 그리고 내가 하는 말에 관심이 있다면 생각해보고, 내 말이 사실인지 실참 수행으로 실험하고, 그래서 증명된 것만 확신하라"라고 했다. 이렇게 그는 철저히 과학적인 태도를 통한 깨어남을 강조하였다.

21세기 과학문명 시대의 한국 불교는 이제 '고타마 정신'으로 되돌아가야 한다고 생각한다. 《반야심경》을 테마로 한 이 책도 바로 그와 같은 깨어남의 길을 걸어가는 데 필요한 이론과, 그 이론에 바탕을 둔 실험과 증명을 통해 확신할 수 있는 이정표를 제시하고자 한다. 아인슈타인이 말했듯이, 증명할 수 있는 방법을 제시하지 않으면 올바른 이론이라 할 수 없다.

깨어나는 데 도움이 되는 이론은 활구活句요, 깨어나는 데 도움이 되지 않는 이론은 사구死句이다. 이 《반야심경》을 저술한 '인도 갑돌이'는 고타마의 법法에 대한 이론체계를 정확히 알고 있었으며, 그 이론을 통해서 실험하고 증명된 것을 우리에게 보고하였다.

고타마는 '아리야 아땅기까 막까ariya-aṭṭhaṅgika-magga', 즉 '8겹의 길[팔정도八正道]' 하나하나에 '바르게[정正, 삼마samma]'라는 말을 덧붙였다. 수행자 '인도 갑돌이'는 '실라sīla(계戒)·사마디samādhi(정定)·판냐paññā(혜慧)'라는, 부처님의 핵심 가르침인 삼학三學의 이론체계를 바르게 이해하고, 프라즈냐 파라미타 prajñā pāramitā(지혜의 완성)의 실천과 그 여정을 이 경의 말미에 다섯 만트라로 나타내고자 했다. 그리고 그 의미를 알고 그것을 매일 염송하면서 외운 대로 실천하면 반드시 깨어난다고 선언하였다. 이것이 완성되었을 때 우리는 아눗다라샴막삼보디, 즉 최고의 지식을 얻게 된다. 이 지식을 얻음으로써 우리는 마침내 삼계三界에서 해탈하고, 생겨나지 않고 시작되지 않고 만들어지지 않고 조건 지어지지 않는 열반의 세계, 즉 영원한 나의 고향으로 돌아가게 되리라.

모든 사람은 깨어날 수 있다. 그렇다. 자갈치 시장에서 장사를 하든, 바다에서 고기를 잡든 농사일을 하든, 유식하든 무식하든, 깨어나는 데 직업이나 신분 따위는 아무 관계가 없다. 누구나 마음먹고 정확한 이론대로 실천하면, 깨어남의 궁극적목적인 고통의 소멸, 즉 열반의 완성은 가능하다. 이것은 이미 2,600여 년 전 인류의 위대한 스승 고타마가 제시해준 그 깨달음의 열쇠와 다른 것이 아니다.

인도 갑돌이가 수행의 실험실에서 실험하고 증명한 깨달음의 길이, 그리고 "아하!" 하는 그의 환희의 탄성이 이 책을 읽는 모든 분에게도 체험으로 승화되어, 하루속히 열반의 도道와 과果를 얻게 되기를 염원한다.

목

차

|

개정판에 부쳐

이번에 새로 발간된 《산스크리트 원문에서 본 반야심경 역해》 개정증보판은, 초판에서 '사띠sati(마음챙김)'와 '프라즈냐prajñā(통찰지, 판냐paññā)' 등이 매우 중요한 열쇠 낱말임에도 그 의미를 명확하게 정의하지 못했던 아쉬움이 있어, 이를 좀 더 명확하게 밝히고자 하였다. 또한 《반야심경》 말미에 있는 5개의 만트라를 "시대신주是大神呪, 시대명주是大明呪, 시무상주是無上呪, 시무등등주是無等等呪, 능제일체고能除一切苦, 진실불허眞實不虛"라고 극찬하는 이유를 좀 더 구체적으로 설명하였다.

또 초기 경전에서 인용한 여러 내용을 비롯해 기타 불교 문헌들의 출처를 명확히 밝혔다. 그뿐만 아니라 독자들의 이해를 돕기 위해, 본 《반야심경》의 원문인 산스크리트어와 초기 경전의 빠알리어 및 한자와 한글 발음까지 적재적소에 최대한 활용하였다. 그리고 초판에서 독자들의 이해를 돕고자 반복적으로 되풀이했던 내용이 다소 지루한 느낌을 줄 수 있다고 판단하여, 본 개정판에서는 중복되는 내용을 삭제하고, 목차와 구성, 각 장의 소제목을 알기 쉽게 정리하였다. 이 모두는 2000년 2월 25일 김사철 박사와 함께 이 책을 처음 출판한 이후 공저자로서 20년 동안 초기불교 교학과 실참 수행의 이론을 새롭게 공부하면서 분명하게 익히고 이해한 결과라고 생각한다.

끝으로 이번 개정증보판의 교정과 윤문 작업에 참여해주신 김승석 변호사님, 정병조 박사님, 박상호 도반님, 임승택 경북대학교 교수님과, 편집 과정에서 문구 하나하나에 소홀함이 없이 세심한 정성을 다해준 김영사 편집부에도 크게 감사드린다.

2020년 9월
경주 남산 심우산방에서
황경환

प्रज्ञापारमिता

제 1 부

우리말 반야심경의 필요성

우리말 다르마가
없다

한국 대부분의 절에서 하는 예식이나 법회에 가면, 거의 예외 없이 사부대중四部大衆(스님과 신도)은 《반야심경》을 독송한다. "관자재보살 행심반야바라밀다시 조견오온개공 도일체고액 사리자 색불이공 공불이색 색즉시공 공즉시색 수상행식 역부여시…"

그러나 대부분의 사람들, 특히 한글세대는 그것이 무슨 의미인지도 모르는 채 주문처럼 그냥 독송하기만 할 따름이다. 그리고 불자들의 집이나 식당, 사무실 등에도 종종 벽에 한자로 가득 찬 《반야심경》 액자가 걸려 있는데, 간혹 한자를 식별할 줄 아는 사람들만이 첫 줄을 "관자재보살 행심반야바라밀다시…"라고 읽는다.

고대 인도 언어인 산스크리트로 쓰인 《프라즈냐 파라미타 흐리다야 수트라Prajñā- pāramitā-hṛdaya-sūtra》를 7세기 중엽 중국의 현장玄奘, 602~664 스님이 자국인을 위하여 한문으로 번역한 것을 다시 우리식으로 발음한 결과가 위의 알 수 없는 주문인 것이다. 발음상으로 볼 때, "관자재보살 행심반야바라밀다시…"는 우리 배달말 소리가 전혀 아닐뿐더러, 오늘날 중국 사람은 물론 현장이 살았던 당나라 시대 사람들의 소리도 아닌, 도무지 알 수 없는 이상한 '주문'이다. 그럴 바에야, '흐리다야 수트라'를 한글로 음역해서 읽는 것이 오히려 더 영험이 많지 않을까? 이렇게 말이다.

> 아리야 아발로키테셔바로 보디사트보 감브히랑 프라즈냐 파라
> 미타짜르얌 차라마노 뱌바로카야티 스마…
>
> (Ārya avalokiteśvaro bodhisattvo gambhīrāṃ prajñā pāramitācaryāṃ
> caramāṇo vyavalokayati sma…)

어떤가? 이왕 모르는 소리일 바에야, 이 원문의 산스크리트 소리가 아무래도 영험이 더 많을 것 같지 않은가? 사실 서구 사람들은 산스크리트 문자를 로마자로 음역해서 읽는다. 왜 우리는 이 알지도 못하는 '주문'을 계속 독송하고 있는가?

불교학자 이기영 박사는 저서 《반야심경 역해》에서 이렇게 개탄하였다. "《반야심경》은 전해 내려오는 전통으로 말미암아

한문으로 독송하는 것이 유행되었다. 그러나 그 의미를 알고 독송한다기보다는 그대로 외우기만 하면 복을 받을 수 있다는 생각에서 구념口念에 그친 경우가 많았다. … 너무나 오랫동안 내용을 이해하려 하지 않고 그저 독송에만 그쳐온 점은 깊이 반성해야 할 것으로 생각한다."

이런 상황은 한국뿐만 아니다. 미국의 시인 개리 스나이더Gary Snyder가 뉴욕 제일선第一禪협회에서 장학금을 얻어 일본 교토에 있는 한 선禪 사찰에 공부하러 갔을 때의 일이다. 그 사찰에서는 매일매일 현장이 번역한 《반야심경》을 일본 발음으로 독송하고 있었는데, 사찰의 도반들에게 그 의미를 물어봤지만 제대로 된 대답을 해주는 이가 아무도 없었다고 한다.

미국 여러 도시에 있는 젠 센터Zen Center에 가보면, 젊은 미국인들이 지그시 눈을 감고 열심히, "Here, Sāriputra, form is emptiness, emptiness is form. Form is not different from emptiness, emptiness is not different from form… (여기에서는, 사리푸트라, 형색은 비어 있음이고, 비어 있음은 형색이다. 형색은 비어 있음과 다르지 않고, 비어 있음은 형색과 다르지 않다…)" 하고 신나게 외쳐댄다.

한번은 내가 대학교 1학년 정도 되어 보이는 장발의 젊은이에게 물어봤다. "너, 이것이 무슨 의미인지 아는가?(Do you know what this means?)" 그는 고개를 갸우뚱하더니, "어어, 잘은 모르지만…, 나는 이것을 외울 때마다 가운데 구멍이 뚫린 도넛 생각을 자꾸 한다"라고 대답했다.

초기불교 원전인 빠알리어 문헌은 대부분 스리랑카, 미얀마, 태국, 일본 등 동양권은 물론이거니와 구미 각국에서도 자국어로 번역되어 있고, 또 계속 번역되고 있다. 우리 한국에서도 마찬가지이다. 그러나 유감스럽게도 우리가 읽는《반야심경》은 현장의 한문 번역을 우리말로 다시 번역한 것이다. 예컨대 안양에 있는 한마음 선원에서 독송하는《반야심경》도 한문으로 번역된 것을 우리말로 나름대로 뜻을 풀이한 것이다. 이제 우리 불자들도《프라즈냐 파라미타 흐리다야 수트라》를 아름다운 우리 배달말로 직접 번역해서 독송해야 할 것이다.

빠알리《율장소품(Cullavagga)》V.33.1, 즉 율장의 한 부분(Vin. Ⅱ.139)은 다음과 같은 대화를 전한다. 어느 날 산스크리트에 능통했던 두 수행승이 부처님께 "당신의 담마dhamma(법法)는 참으로 훌륭하다"라고 말하고서, 이 훌륭한 담마를 고귀한 산스크리트로만 표현할 것을 제안했다. 그러나 부처님은 "그것은 절대로 안 된다. 이 담마를 전하기 위해 어떤 지역의 어떤 마을에 가든지, 우선 그 마을 사람들이 쓰는 그들의 사투리를 먼저 배워라. 그리고 그 마을 사람들이 알아들을 수 있는 말로 이 담마를 전하라!"라고 하며 그들의 제안을 단호하게 거절했다.

고타마는 자기가 발견한 담마, 즉 고통에서 벗어날 수 있는 이론과 방법을, 실제 삶에서 고통받고 허덕이는 민중에게 접근하여 그들이 알아들을 수 있는 말로 전했고, 또 제자들에게도 그렇게 해달라고 주문했다. 고통받는 민중에게 고통에서 벗어나는 방법을 제시하고 있는 것이 《반야심경》이라면, 그것은 그들이 알아들을 수 있는 그들의 언어로 쓰여야 한다. 따라서 "관자재보살 행심반야바라밀다시 조견오온개공 도일체고액…"식의 전달은 고타마의 정신에 맞지 않는다. 우리도 고통받는 배달 민중이 알아들을 수 있는 배달말로 고타마의 다르마를 전하는 노력을 계속해야 한다.

본 역해에서는 몇몇 전문술어에 대해서 빠알리, 산스크리트, 한문, 우리말을 혼용하였다. 예를 들면 '프라즈냐 파라미타 prajñā pāramitā(반야바라밀다般若波羅蜜多)'식의 표기가 그것이다. 이것은 지금까지 본本《반야심경》을 산스크리트 원문에서 한글로 완역한 사례가 없었고, 한문으로 번역된 것을 다시 우리말로 번역하여 1,600년 동안 읽어왔다는 사정을 감안했기 때문이다.

부처님의 원음은 빠알리어이기 때문에 내용의 이해를 돕기 위해 빠알리어를 사용한 경우도 있다. 예컨대 '반야般若'의 산스크리트 원어인 '프라즈냐prajñā'에 대응하는 빠알리어 '판냐paññā'가 그것이다. 또한 '마음[心]' '식識' '의식意識'과 동의어인 '찟따citta'라든가 팔정도의 일곱 번째 각지에 해당하는 '사띠sati' 등이 있다. 특히 이 '사띠'는 붓다 명상에서의 핵심 개념인 초월 언어로서, 최근 명상에 관심이 많은 서구권의 여러 나라에서 종교적 의미를 뛰어넘어 심리학적 구성 개념으로 다양하게 정의되고 있다. 그래서 본서에서 '마음챙김' '새김' '깨닫기' 때로는 '알아차림' 등으로 혼용해서 표현했다는 것을 참고하시기 바란다.

번역을 하는 데
있어서

그렇다면 고타마의 뜻을 받들어, 이 "관자재보살 행심반야바
라밀다시…"와 같은 무의미한 '소리'의 나열을 우리가 알아들
을 수 있는 배달말로 번역해보자.《프라즈냐 파라미타 흐리다
야 수트라》의 한문 번역을 풀이하는 것이 아니라, 산스크리
트 원문에서 우리말로 직접 옮겨보고자 한다. 본서에서는 이를
현장의 한문 번역뿐만 아니라, 다른 나라 번역도 참고하면서
'대충' 해볼 것이다. 여기서 이 '대충'이란 말을 의도적으로 쓰
는 이유는, '번역'이란 문제는 '해석학적' 문제와 연결되기 때
문이다.

　앞장에서 언급했듯, 한 언어를 다른 언어로 번역하기 위해서
는 두 언어를 단순히 '안다'는 것만으로는 충분치 않다. 한 언
어로 표현된 의미를 알고 다른 언어로써 그 같은 의미를 표현

하는 것이 번역의 이상인데, 이 이상을 100% 달성한다는 것은 불가능에 가깝다.

첫 번째 이유는 두 언어의 '본질적인 상이점' 때문이다. 예를 들면, 배달말의 '마음'이라는 낱말에 해당하는 영어 낱말은 없다. 영어의 '마인드mind'가 배달말 '마음'과 비슷하기는 하지만, 정확히 일치하지는 않는다. 그러나 이것은 어느 정도 극복할 수 있다. 비슷한 낱말을 대응시키고 그 의미에 대해서 주를 달면 된다.

두 번째 이유는 더욱 심각한 문제인데, 언어가 내포하고 있는 숨은 의미를 찾아내기가 쉽지 않기 때문이다. 특히 수백 년 혹은 수천 년 전에 쓰인 언어에 내포된 의미를 찾아내는 것은 간단한 문제가 아니다. 몇천 년 전에 한 인간이 어떤 개인적 경험을 하고, 그 경험의 의미를 그 당시의 언어로 자기 특유의 방식으로 표현한 것을, 오늘날의 사람이 직접 경험해보지도 않고 다만 표면에 있는 언어의 사전적 의미만으로 그 사람의 경험을 도출해내는 것은 결코 쉬운 일이 아닐 것이다.

이러한 문제를 다루는 과학이 바로 '해석학(hermeneutics)'이고, 여기서는 다만 이런 어려움이 있다는 것만 지적해두고자 한다. 결국 고전의 번역은 그 고전의 저자가 의도한 의미라기보다는 번역자가 그 고전에 부여한 자의적恣意的 해석에 지나지 않는다는 것이다. 다시 말하자면, 번역자의 의식 상태가 저자의 의식 상태와 일치하지 않을 때, 그 원전原典의 의미는 번역자 현재의 의식 상태에 전적으로 좌우되고, 저자가 의도한 의미는 반드시 왜곡될 수밖에 없다는 사실을 우리는 알아두어야 할 것이다. 그렇다면 우리는 이 어려운 문제를 어떻게 해결해나갈 것인가?

고대의 신화를 단순히 '비과학적'이라고 배척하는 것도 잘못이고, 그것을 그대로 받아들이는 것도 잘못이다. "신화적으로 표현된 고대의 인간 경험을 그 신화를 통해서 찾아내는 것이 우리의 책무이다"라고 한 칼 융Carl Jung, 1875-1961의 간곡한 충고를 우선 귀담아들을 필요가 있다. 이 글에서는《프라즈냐 파라미타 흐리다야 수트라》를 우리말로 번역하고 그 의미를 설명하는 데 있어서, 칼 융의 충고를 최선을 다해서 따를 것이다.

끝으로, 티베트의 달라이 라마가 영국에서 청중에게 당부한 말이 기억난다.

"여러분, 나의 언어에 주의를 기울여주시오. 그리고 이 언어가
내포하고 있는 의미에 주의를 기울여주시오. 그리고 이 의미를
도출한 심오한 인간적 경험에 주의를 기울여주시오!"

우리말
《프라즈냐 파라미타
흐리다야 수트라》

우선《프라즈냐 파라미타 흐리다야 수트라》의 산스크리트 언어의 사전적 의미에 충실하면서 우리말 번역을 시도해보자.

옴 존귀하옵는 프라즈냐 파라미타를 찬미하나이다.

고귀한 보디사트바 아발로키테슈바라가 심오한 프라즈냐 파라미타의 실천에 임하고 있을 때, 다섯 스칸다들 모두가 실체가 비어 있음을 꿰뚫어 보았다.
여기에서는, 오 사리푸트라! 형색은 비어 있고 비어 있음이 바로 형색이며, 또 형색이 비어 있음과 다르지 않고 비어 있음도 형색과 다르지 않다.
무엇이든 형색이라면 그것은 비어 있음이고, 무엇이든 비어 있음이라면 그것은 형색이다. 느낌, 인식, 심리현상, 알음알이도 다 이와 같다.

여기에서는, 오 사리푸트라! 인식된 모든 것들은 비어 있음의 특징을 가지고 있다. 생기지도 않고 멸하지도 않는다. 더럽지도 않고 깨끗하지도 않다. 줄어들지도 않고 늘어나지도 않는다.

그다음에, 오 사리푸트라! 이 비어 있음에는

형색도 없고, 느낌도 없고, 인식도 없고, 심리현상도 없고, 의식도 없다.

눈, 귀, 코, 혀, 신체, 마음도 없다.

색, 소리, 냄새, 맛, 촉감, 의식의 대상물도 없다.

눈의 영역도 없고 나아가 마음-의식의 영역도 없다.

무지도 없고 무지의 멸함도 없을뿐더러

심지어 늙음도 죽음도 없고, 늙음과 죽음의 멸함까지도 없다.

고통도, 원인도, 멸함도, 길도 없다.

알아낸 것은 아무것도 없다.

얻은 것도 없고 안 얻은 것도 없다.

그다음에, 오 사리푸트라! 얻은 것이 없으므로 보디사트바는 프라즈냐 파라미타에 의지함으로써 흐림 없고 맑은 마음을 갖게 된다.

흐림 없고 맑은 마음 덕택으로, 그는 공포에서 벗어나고, 미혹된 망상을 극복하여 마침내 니르바나의 정상에 이른다.

과거, 현재, 미래의 모든 붓다들도 프라즈냐 파라미타에 의지하여 아눗다라샴먁삼보디를 얻었고 또 얻게 될 것이니라.

그런고로 알아두어야 한다. 이 프라즈냐 파라미타의 위대한 만트라를!

이 신비로운 위대한 만트라,

이 위대한 밝음의 만트라,

이 위 없는 만트라,

비교할 수 없는 만트라,

고통을 없애주는

거짓 없고 참된

프라즈냐 파라미타를 설하는 만트라,

그것은 이렇다.

가테가테 파라가테 파라상가테 보디 스바하.

이 번역문을 읽으면서 느끼는 것은 "관자재보살 행심반야바라밀다시…" 보다 훨씬 더 친근감이 든다는 점이다. 한문의 '소리 나열'은 전혀 우리말이 아니지만, 이 번역문은 그래도 좀 읽고 '알아들을 수' 있을 것 같다.

그러나 이 번역문 중에는 '아발로키테슈바라' '프라즈냐 파라미타' '상카라' '마노' '아눗다라샴먁삼보디' '만트라' '가테 가테 파라가테 파라상가테 보디 스바하' 등 우리말로 옮기지 않고 산스크리트 발음 그대로 음사音寫한 단어들이 있다. 이는, 흔히 우리 속담에 "병보다 약이 더 나쁘다"라는 명구가 있듯, 그대로 놓아두고 주석으로 설명하는 것이 좋다고 판단했기 때문이다. 예를 들면, 프라즈냐 파라미타를 '지혜의 완성'이라고 번역해봐야 별 얻는 것이 없을뿐더러 오히려 '지혜'니 '완성'이니 하는 낱말들의 익숙함이 더 어처구니없는 착각을 초래할 수 있다.

이 낱말들의 의미는 당분간 접어두고, 우리가 관심을 두는 것은 이 경의 전체적인 의미이다. 이 의미를 찾기 위해서 고대로부터 많은 사람들이 다양한 주석서를 써왔다. 그러한 문헌들은 세계의 유명 대학 도서관에는 거의 다 있다. 단 하나 명심해둘 것은 그 어느 것이 옳은지 누구도 단정할 수 없다는 것이다. 주석자들 제각기 나름대로 파악한 의미를 이 경에 부여했을 따름이다. 필자가 이 경의 의미를 찾는다면, 결국은 필자 나름대로 파악한 의미를 이 경에 부여하는 결과밖에 안 된다는 것을 미리 말해둔다. 다만 필자의 해석이 프라즈냐 파라미타를 실천하는 고타마의 제자들이 이 경을 이해하는 데 도움이 될 수 있다면, 그것으로 충분하다.

"나는 이렇게 들었다"에 대해서

《반야심경》을 해석함에 있어서 먼저 짚어볼 문제는, 이 경은 언제 쓰였으며 그 저자는 누군가이다. 《반야심경》은 짧은 것과 긴 것이 있는데, 문헌학자들은 짧은 것이 먼저 쓰였다는 것을 정설로 받아들이고 있다. 긴 《반야심경》은 짧은 것과 내용은 같지만 단지 앞부분과 뒷부분에 짤막한 첨언添言이 있을 뿐이다. 긴 《반야심경》의 앞부분은 이렇게 시작한다.

> 나는 이렇게 들었다. 어느 때 축복받은 자는, 많은 최고의 보디사트바bodhisattva(보살菩薩)들을 비롯하여 많은 비구들과 함께 라자가하Rājagaha(왕사성王舍城)의 그리드흐라 쿠타Gṛdhra-kūṭa(영취산靈鷲山) 위에 머물고 있었다. 축복받은 자는 따로 떨어져 앉아서 깊은 사마디samādhi에 잠겨 있었

고, 고귀한 아발로키테슈바라Avalokite-śvara(현장 역; '관자
재보살觀自在菩薩', 쿠마라지바 역; '관세음보살觀世音菩薩')는 프
라즈냐 파라미타prajñā pāramitā를 명상하고 있었다. 존귀한
사리푸트라Śāriputra가 사마디에 잠겨 있는 축복받은 자의
영향을 받고, 고귀한 보디사트바 아발로키테슈바라에게 말
했다.

"만일 사람들의 아들딸들이 저 심오한 프라즈냐 파라미타
를 공부하고자 한다면, 그들은 어떻게 해야 할 것입니까?"

[중략]

아발로키테슈바라가 사리푸트라에게 대답하기를,
"사리푸트라! 형색은 비어 있고 비어 있음은 바로 형색이
며, 형색은 비어 있음과 다르지 않고 비어 있음은 형색과
다르지 않다. 무엇이든 형색이라면 그것은 비어 있음이고,
무엇이든 비어 있음이라면 그것은 형색이다. 느낌, 인식, 심
리현상, 의식도 다 이와 같다."

"나는 이렇게 들었다(에밤 마야 슈루탐evaṃ mayā Śrutam)"는 초
기 경전의 머리말에 나오는 정형구이다. 이때의 '나'는 고타
마의 나이 대략 55세(B.C.508년)부터 80세(B.C.483년)까지 25년

동안, 고타마 붓다의 개인 비서 역할을 한 사촌 동생 아난
다Ānanda를 가리킨다. 만일 아난다가 '이렇게 들었다'면, 그 시
기는 B.C.508년부터 B.C.483년 사이였을 것이다. 아무리 에
누리를 해도 그 시기는 고타마가 보드가야에서 깨달은 해인
B.C.528년부터 그가 사망한 해인 B.C.483년 사이일 것이다.

그런데 고대 페르시아의 신神(deva) '아발로키테슈바라Avalo
kite-śvara'가 후기 마하야나Mahāyāna(대승大乘) 불교의 초인간적
인 보디사트바로 둔갑하여 등장한 시기는 마하야나 운동이 시
작된 서기 1세기 전후이다. 그리고 일본의 스즈키 다이세츠鈴
木大拙, 1870-1966가 밝혔듯이, 600권이나 되는《마하프라즈냐파
라미타 수트라Mahāprajñāpāramitā-sūtra(대반야바라밀다경大般若波羅蜜
多經)》안에서 아발로키테슈바라가 언급된 것은 이 소본小本《반
야심경》과, 앞의 문장과 끝 문장이 조금 더 긴 대본大本《반야
심경》뿐이다. 그렇다면 아발로키테슈바라가 등장한《반야심
경》은 고타마가 열반한 뒤 거의 500년에서 600년 후에 쓰였다
고 추론할 수 있을 것이다.[1]

반야부 계통의 경전을 집성한《마하프라즈냐파라미타》는 대
개 32음절로 구성된 '슬로카Śloka'라는 게송들로 형성되어 있

---

1   세계불교도우의회(WFB)는 1956년 11월 네팔의 수도 카트만두에서 열린 제4차 회의에서
    부처님의 연대기를 B.C.624년에서 B.C.544년으로 공식 채택한 바 있다.

다. 여기에 속한 프라즈냐 파라미타의 여러 경들을 슬로카의 수에 따라 분류해보면, 맨 먼저 원초적인 쁘라크리뜨prakrit(속어 또는 사투리, 인도의 민간 언어)로 쓰인《아스타사하스리카아 프라즈냐파라미타Aṣṭasāhasrikā-prajñāpāramitā》(8,411슬로카)를 꼽을 수 있다. 이것이 모태가 되어 그 분량이 점차 방대해지는 팽창기에 들어가는데, 이때 생산된 것이 10,000슬로카·18,000슬로카·25,000슬로카의 반야경들이다.

그 후 다시 반야경의 축소기 시대로 접어드는데, 2,500슬로카, 700슬로카, 500슬로카, 300슬로카, 150슬로카, 25슬로카, 그리고 끝에 가서는 '아(산스크리트 알파벳의 첫 번째 글자)'까지 축소되기에 이르렀다. 에드워드 콘즈 등 이 분야의 많은 학자의 연구 결과, 이 변천은 서기 50년부터 700년 사이에 일어났을 것으로 추정된다. 300슬로카로 구성된《금강경 金剛經》과 25슬로카로 구성된《반야심경》은 서기 3, 4세기경 쓰인 것으로 추정하고 있다.

이러한 사실을 종합해볼 때,《반야심경》은 고타마의 열반 후, 약 8~9백 년 후에 쓰였을 것이라는 게 거의 확실하다. 그러므로 B.C.508년부터 B.C.483년까지 고타마를 시중했던 아난다가 '나는 이렇게 들었다'라고 할 수가 없다. 아난다가 '나는 이렇게 들었다'고 한 것은 소설이다.《반야심경》은 고타마의 입에서 나온 말을 아난다가 직접 들은 것이 아니다. 그러나 이

'소설'은 너무나도 아름답다.

'소설' 하면 세속적 이야기에 대한 이미지가 먼저 떠오른다. 하지만 이《반야심경》은 고타마의 직설이 아니라 하더라도 붓다의 원음에 가까워 너무나도 경이롭고 아름답다. 긴《반야심경》의 첫 부분과 마지막 부분을 보면, 고타마 붓다와 아발로키테슈바라와 사리푸트라가 무대에 등장한다.

고타마 붓다는 오른쪽 뒷면에서 청중을 바라보며 깊은 사마디에 잠겨 있다. 마하야나 전통에 따라서 그는 '다르마카야dharma-kāya(법신法身)'를 상징한다. 무대 중앙의 아발로키테슈바라는 서서 청중을 바라보고 있다. 아발로키테슈바라는 다르마카야로부터 직접 교신받는 '삼보가카야sambhoga-kāya(보신報身)'를 상징한다. 사리푸트라는 무대 왼쪽에서 왼 무릎을 꿇고 두 손 모아 합장하는 자세로 삼보가카야인 아발로키테슈바라를 우러러보고 있다.

사리푸트라는 삼보가카야로부터 다르마를 전수받는 '니르마나카야nirmāṇa-kāya(화신化身)'를 상징한다. 고요가 무대를 뒤덮자, 사리푸트라가 아발로키테슈바라에게 테너 목소리로 말을 건넨다.

"고귀한 아발로키테슈바라! 사람들의 아들딸들이 이 심오한 프라즈냐 파라미타를 배우려면 어떻게 해야겠습니까?"

아리땁기가 하늘 - 신(데바deva) 같은 아발로키테슈바라가 주옥 같은 메조소프라노 목소리로 말하기 시작한다.

"고귀한 아발로키테슈바라가 심오한 프라즈냐 파라미타의 실 천에 임하고 있을 때, … [중략]…"

"여기에서는, 오 사리푸트라… [중략]…"

"그런고로, 사람들의 아들딸들은 알아두어야 한다. 프라즈냐 파 라미타의 위대한 만트라를… [중략]…"

"가테가테 파라가테 파라상가테 보디 스바하."

"오 사리푸트라! 이것으로 프라즈냐 파라미타의 핵심을 끝마 친다."

이렇게 아발로키테슈바라의 긴 모놀로그monologue가 끝나자, 여태껏 사마디 침묵에 있던 고타마 붓다가 서서히 일어나서 청 중을 향하여 깊은 베이스 목소리로 낭송한다.

"사아두, 사아두(착하고 착하도다)"

그리고 이 1장의 막이 내린다.

《반야심경》의
주석들에 대해서

그러면 방대한 반야경들 중에서 유일하게 아발로키테슈바라를 등장시킨 소본小本과 대본大本의 《반야심경》을 지은 저자는 누구일까? 아무도 모른다. 그는 아난다의 '나는 이렇게 들었다'라는 소설 장막 뒤에 숨어서 영원히 사라져버렸다. 그래서 필자는 편의상 이 《반야심경》을 지은 저자에게 '인도 갑돌이'라는 이름을 하나 붙이려고 한다.

인도 갑돌이는 3, 4세기경의 한 보살로서 지금부터 대략 천육칠백 년 전 인도에서 살다 죽었다. 이 인도 갑돌이는 《반야심경》을 통해서 우리에게 무엇을 이야기하려고 하는가?

고대로부터 현대에 이르기까지 수많은 불교학자가 《반야심경》의 의미에 대해 이렇다 저렇다 하는 주석들을 내놓았다. 그 분량은 너무나 많고, 각각의 주석가가 주장하고 있는 《반야심경》의 의미는 너무나 다양하다. 여기서는 두서너 개의 좀 별난 해석만 언급해둔다.

하나는 중국에 가서 진언종眞言宗을 배우고 일본 진언종의 개산조開山祖가 된 쿠우카이空海의 《반야심경》 만트라에 대한 해석이다. 그는 단호하게 주장했다. 인도 갑돌이가 엎드려 삼가 공포한 프라즈냐 파라미타의 저 위대한 만트라 '가테가테 파라가테 파라상가테 보디 스바하'에서, 처음 '가테'는 '슈라바카śrāvaka(성문聲聞)'를 지칭하고, 두 번째 '가테'는 홀로 깨어난 자인 '프라트예카 붓다pratyeka-buddha(독각獨覺)'를 지칭하며, '파라가테'는 '대승 불교도'를 지칭하고, '파라상가테'는 자기가 신봉하는 '진언종 불교도'를 지칭하며, '보디 스바하'는 '이 모든 자가 결국은 다 깨어난다는 것'을 의미한다고.

또 일본 선불교의 종파인 조동종曹洞宗의 본산인 에이헤이지永平寺의 고승 사토오 타이진佐藤太神에 의하면, '가테'는 '가고 있다' '진보한다' '이루어낸다' '살아간다'를 뜻하고, '가테가테'로 두 번 되풀이한 의미는 '쉬지 않는다'라는 뜻이다. '파라가테'는 '인류를 저 언덕으로 끌고 가서 차분하게 한다'라는 뜻이고, '파라상가테'는 '사회 공동 복지의 실현'을 뜻한다. '보디 스바하'는 '즉각적 깨달음'을 뜻하는데, 이 '깨달음'이란 '지금 여기 더불어 사는 방식'이라고 한다. 이 진언을 일편단심으로 염송하면 많은 공덕과 복을 받을 것이며, 초자연적인 영험을 얻을 것이라고 단언한다.

또한 19세기 후반 중앙아시아에서 고대 월지국月氏國 때의 호탄 불교 문헌(Khotanese Buddhist Text)이 발견되었는데, 이 문헌들은 7~9세기 동안에 작성된 것이라고 추정된다. 이 문헌들을 해독한 결과《반야심경》에 대한 주석들도 발견되었다. 영국의 해롤드 배일리 경Sir Harold Baily, 1899-1996의 초반 번역 연구를 바탕으로 다시 루이스 랭커스터Lews Lancaster가 재번역하여 호탄의 옛 무명無名 주석가의 주석 내용 일부를 소개하고 있다.

랭커스터가 정확하게 지적했듯이, 이 주석가는 서기 4세기의 아상가Asaṅga(무착無着)와 바수반두Vasubandhu(세친世親)의 비즈냐나 바다Vijñāna-vāda(유식론唯識論)의 추종자로서 유식파의 아전인수적 냄새를 물씬 풍기고 있다.

예를 들면, "여기에서는, 오 사리푸트라! 형색은 비어 있고 비어 있음이 바로 형색이다(이하 사리푸트라 루팡 슈냐타아 슈냐타이바 루팡 iha śāriputra rūpaṃ śūnyatā śūnyataiva rūpaṃ)"에 대한 주석은 이렇다.

오 사리푸트라! 형색은 비어 있고 그것은 그럴 수밖에 없다. 이름은 비어 있고 그것은 그럴 수밖에 없다. 그리고 보디사트바는 18개의 비어 있음에 집중한다.

1) 주관의 비어 있음

2) 객관의 비어 있음

3) 주관과 객관의 비어 있음

4) 비어 있음의 비어 있음

5) 큰 비어 있음

6) 궁극적 실재의 비어 있음

7) 조건적 비어 있음

8) 무조건적 비어 있음

9) 무한의 비어 있음

10) 시작과 끝이 없음의 비어 있음

11) 반박의 비어 있음

12) 본질의 비어 있음

13) 모든 것(사르바 다르마 sarva dharma)의 비어 있음

14) 자체 흔적의 비어 있음

15) 확인 안 되는 비어 있음

16) 스스로-있음의 없음의 비어 있음

17) 비존재의 비어 있음

18) 스스로-있음의 비어 있음

이쯤 되면 현기증이 날 정도가 아닐까? 프라즈냐 파라미타에
의해서 깨달은 대상이 18개의 비어 있음이고, 이들은 형색과

똑같이 '실체(스바브하바svabhāva)'를 가지고 있어, 결국 비어 있고 순수한 유일 실체가 있다는 것이다. 그리고 이 유일하고 순수한 실체야말로 '다르마카야dharmakāya', 즉 법신法身이라는 것이다. 이하 느낌, 인식, 심리현상, 의식에 대해서도 위의 형색에 대한 것과 같은 식으로 주석가는 지루하게 되풀이하고 있다.

그리고 마지막 만트라에 대해서 이 고대의 주석가는 엄청난 해석을 내놓는다. 즉 '위대한 밝음의 만트라'에 대해 "커다란 밝음이 보디사트바에 일어나는 까닭은 그의 지속적인 집중 때문이다"라고 말한다. 또한 '같으면서 같지 않은 위대한 만트라'에 대해서는 "보디사트바가 붓다의 등불로 조명되었을 때, 모든 정신적인 것이 차별이 없다는 특성을 알게 되고, 순수한 실체의 붓다들을 지각하게 된다. 그리하여 그에게는 모든 고통이 가라앉고… 영원한 것은 오로지 다르마카야뿐이다"라고 운운한다.

계속해서 이 주석가는 '가테가테 파라가테 파라상가테 보디 스바하' 전부를 지고至高의 만트라라고 일컬으며, "보디사트바가 이 만트라의 실제 상태를 깨달았을 때, 그는 처음으로 모든 거룩한 붓다들의 근원적 만트라는 바로 이 지고의 만트라이며, 붓다가 되는 깨달음은 바로 이 만트라를 통해서 이루어진다는 것을 깨닫는다"라고 덧붙인다.

끝으로 이 주석자는 "이 반야경을 받아들이고, 명상하고, 만트라를 염송하는 등등을 행하면 엄청난 이득을 얻지만, 의심하고 배척하면 지옥 가는 것을 포함한 오만 봉변을 당할 것이다"라고 소름 끼치는 협박을 하고 있다.

마지막으로 한국의 불교학자 이기영 박사의 주석이다. 그는 아래와 같이《반야심경》의 마지막 부분을 인용한다.

> 그런고로 알아두어야 한다! 프라즈냐 파라미타의 위대한 만트라를. 이 신비스러운 위대한 만트라, 이 위대한 밝음의 만트라, 이 위 없는 만트라, 비교할 수 없는 만트라, 고통을 덜어주는 거짓 없고 참된 프라즈냐 파라미타를 설하는 만트라. 그것은 이렇다.
> 가테가테 파라가테 파라상가테 보디 스바하.

그리고 다음과 같이 말하고 있다.

> 이것은 논리적으로 사족과 같은 부분으로, 없어도 되는 구절이 아닌가 한다. 전편을 흐르는 일관된 정신이 문언文言이나 명색名色이 다 허망함을 강조하고 있는데, 구태여 주(만트라)를 강조한 이유가 어디에 있는가 싶다. 반야바라밀다를 문구로 생각하게 할 표현이 '반야바라밀다주'로서 제시되었다는 것은 아무

리 생각해도 납득이 가지 않는 대목이다. 차라리 원전은 이것 없이 끝나야 하는 것이 아니었을까 한다.

먼저 언급했듯이, 이외에도 《반야심경》에 대한 번역과 주석은 너무나 많다. 일종의 '반야심경 산업'이 형성되어 있다.

우리는 고대 인도 갑돌이의 《반야심경》의 참뜻을 알기 위해서 많이 '배운' 분들의 주석들을 읽어본다. 그런데 사정이 이렇다 보니, 읽으면 읽을수록 헷갈리기만 하고 혼란만 일어난다. 어느 분의 말씀이 옳은지 영문을 모를 지경이다. 제각기 일가견이 있는 모양이다. 그렇다면 우리는 어떻게 해야 할까? 문득 고타마가 우리에게 말한 두 가지 충고가 떠오른다.

"인간이라는 존재가 거룩한 것이 아니다. 거룩한 것이 있다면 오로지 거룩한 삶이 있을 뿐이다."
"깨어나기 위해서는 나 자신과, 깨어나게 해주는 다르마(법法)에만 의존하라."

필자는 고타마의 이런 간곡한 충고를 흔쾌히 받아들이고 어떻게 해야 할지 결정하려고 한다. 이 글을 읽는 여러분도 고타마의 충고를 받아들이고 제각기 결정하시길 바란다. '거룩한 인간'이 없다면 누가 번역과 주석을 했는지는 중요하지 않으며,

따라서 그와 같은 번역과 주석을 절대시할 것은 못 된다.

필자는 인도 갑돌이의 《반야심경》을 나름대로 이해하는 데에 몇 가지 '편견'을 가지고 접근하려고 한다. 이 편견을 예시하면 이렇다.

- 고타마는 자기가 여러 곳에서 말한 대로 '깨어남'에 있어 누구의 추종도 허락하지 않는 최고의 권위자이다.
- 그는 깨어남을 직접 경험한 사람이고, 그 경험에 입각해서 실천만 하면 누구라도 깨어날 수 있는 보편적으로 유효한 방법인 다르마를 제시했다.
- 고타마의 제자라고 자인하는 자는 깨어남에 있어서 고타마의 다르마를 바르게 이해하고 충실히 실천하는 자를 가리킨다. 만일 깨어나기 위해서 고타마의 다르마가 아닌 그 무엇을 실천한다면, 그는 고타마의 제자가 아니다.
- 고타마가 가르치지 않은 것을 고타마가 가르친 것이라고 하며, 그것을 따르라고 하는 자는 사기꾼이다.
- 고타마의 다르마를 실천함에 있어서 시대와 지역에 따라서 실천 스타일을 달리하는 것은 용납되지만, 고타마 다르마의 핵심인 '네 가지 고귀한 진실', 즉 고苦 · 집集 · 멸滅 · 도道라는 사성제四聖諦를 훼손하는 타협은 용납되지 않는다.
- 내가 고통에서 벗어나기 위해서는, 즉 깨어나기 위해서는

고타마의 다르마를 바르게 이해하고 바르게 실천해야 한다. 어떠한 경전이나 주석이든, 그것을 공부함으로써 내가 고타마의 다르마를 바르게 이해하고 바르게 실천하는 데 구체적으로 도움이 된다면 그 경전과 주석은 나에게 의미가 있지만, 난해하고 추상적이고 혼란스러워 별 도움이 안 된다면 그것을 누가 썼든 나에게는 아무 의미가 없다.

이상의 '편견'을 가지고 인도 갑돌이의 《반야심경》에 접근해보겠다. 필자는 고타마의 제자라고 자임한다. 이 말은 "나는 고타마의 다르마를 바르게 이해하고 바르게 실천하여 고통에서 벗어나고 싶다"는 뜻이다. 이 과정에서 나는 나보다 앞서 있는, 나보다 더 많이 깨어난, 혹은 완전히 깨어난 도반들의 도움이 절실히 필요하다. 고타마의 다르마에 대한 그들의 설명, 고타마의 다르마를 실천함에 있어서 새로운 테크닉 개발에 관한 이야기, 그들의 시행착오와 깨달음에 성공했을 때의 경험담, 고타마의 다르마를 재확인하는 보고들, 이 모두가 나에게 엄청난 도움이 되고 격려가 된다.

그러나 그 모두는 어디까지나 고타마의 다르마에 '관한' 것들이지, 그것들 자체가 고타마의 다르마를 대체할 수는 없다. 또 고타마의 다르마와 무관한 어떠한 이야기도 나에게는 아무 도움이 안 되므로 그것에 시간을 허비할 생각은 없다. 물론 내가 완전히 깨어났다면 이런 부수물들은 더 이상 필요 없을 테고, 실제로 고타마의 다르마도 '뗏목'과 같은 것일 뿐이지만.

그러나 아직 깨어나지 못한 나에게는, 그리고 다른 방법이 아니고 고타마의 방법으로 깨어나겠다고 작심한 나에게는 이러한 부수물들이 도움이 된다. 이런 의미에서 제일 먼저 내가 묻고 싶은 것은, 고타마의 방법으로 깨어나려고, 즉 고통에서 벗어나려고 노력하는 나에게 이 인도 갑돌이의 《반야심경》은 어떤 도움을 줄 수 있는가이다.

인도 갑돌이의 《반야심경》이 무슨 말을 하든지 간에, 그것이 이 질문에 대답을 주지 않는다면, 나에게는 무용지물이다. 《반야심경》에 대한 나의 '해석'은 학문적이거나 가치중립적인 문헌 분석도 아니고, 아전인수我田引水 격의 종파적 해석도 아니며, 철학적 사상 점검도 아니다. 나는 "인도 갑돌이야! 너는 내가 뭘 알고 싶어 하는지 알지? 나에게 너는 무슨 도움을 줄 수 있니?"라고 그저 소박하게 묻고 싶다. 나의 해석은 아주 이기적이고 실용적으로 질문에 대한 해답을 구해보겠다는 것 이외는 아무것도 아니다.

인도 갑돌이의 《반야심경》

아리야 아발로키테슈바라 보디사트보…(중략)

이하, 사리푸트라…

이하, 사리푸트라…

따스마아츠, 차리푸트라…

따스마아츠, 차리푸트라…

프라즈냐파라미타암…

아눗다라샴막삼보드힘…

따스마아츠 즈냐아따비얌

프라즈냐파라미타 마하만뜨로

마하비댜 만뜨로 아눗다라 만뜨로 사마사마 만뜨라흐

사르바 둑카 프라샤마나흐 사띠얌 아미탸아트바아뜨

프라즈냐파라미타아야암 욱또 만뜨라흐 따댜타아

가테가테 파라가테 파라상가테 보디 스바하.

인도 갑돌이가 한 말은 다행히도 산스크리트 원어 그대로 적혀
있다. 이는 여러 나라말로 번역도 많이 되어 있고, 많은 주석이
있으며, 그 내용도 각양각색이라는 것은 전술한 바 있다. 왜 그
런가? 그 이유는 간단하다. 인도 갑돌이의 문장력이 시시하기
때문이다. 할 말이 있으면, 고타마처럼 정확하게 말해야 했다.

　'인도 갑돌이의 말'을 살펴보자. '조견오온개공照見五蘊皆空 도
일체고액度一切苦厄'에서, 산스크리트 원문은 '조견오온자성개
공照見五蘊自性皆空'으로 '자성(svabhāva)'이 빠져 있고, 원문에는
없는 도일체고액度一切苦厄이 첨가됐다. 그리고 '이하iha', 즉 '여
기에서는'이 두 번 등장하는데, 이 말의 의미는 무엇인가? 현장
스님은 별 의미가 없다고 여겼는지 번역문에서 아예 삭제했다.

　'따스마아츠tasmāc'는 보통은 '그런고로'라는 논리적 전후 관
계를 말하는 접속사이지만, 종종 '그다음' 혹은 '후에' 등 시간
적 전후 관계를 뜻하기도 한다. 그런데 현장 등 많은 번역가들
은 다 '그런고로' '그런 이유로' '그렇기 때문에'라고 번역하고
있다. 과연 그것이 옳은 것인가? '더럽지도 않고 깨끗하지도 않
고, 늘지도 않고 줄지도 않고' 등등 도대체 인도 갑돌이는 무슨
말을 하고자 하는가?

　과거, 현재, 미래의 모든 붓다들이 다 이 프라즈냐 파라미타

에 의지하여 깨어났다고 주장하는데, 인도 갑돌이가 말하는 이 '프라즈냐 파라미타'는 구체적으로 무엇일까? 끝에 가서 프라즈냐 파라미타는 이 위대한 만트라(주문)라고 하는데, 만트라를 알고만 있으면 프라즈냐 파라미타가 실천되는 것인가? 만트라니까 그것을 계속 염송하면서 어떤 명상에 잠기라는 것인가?

무엇이 인도 갑돌이의 '뜻'일까? 인도 갑돌이가 지금 인도에 살아 있다면 금방 그를 찾아가서 물어보면 되겠지만, 그의 개인 신상에 대해서는 알려진 것이 전혀 없다. 그는 아무런 인간적인 흔적을 남겨놓지 않았다. 그렇다면 인도 갑돌이가 《반야심경》을 통해서 의도한 의미를 알아내기 위해서, 인도 갑돌이에 대한 '작업가설'을 하나 설정할 필요를 느낀다.

> 3, 4세기 때 인도에 살았던 한 무명의 보디사트바가 고타마의 가르침인 '고귀한 여덟 겹의 길(아리야-아땅기까-막까 ariya-aṭṭhaṅgika-magga, 팔정도八正道)', 즉 프라즈냐 파라미타에 의지하여 고타마와 똑같이 고통에서 벗어나는 지식을 얻고 고타마처럼 깨어났는데, 《반야심경》은 그 과정에서 그의 개인적 경험을 자기 특유의 화법으로 세상에 보고하고, 이 길을 걸어가고자 하는 많은 보디사트바들을 위해서 '만트라'라는 암호로써 고타마의 '고귀한 여덟 겹의 길[팔정도八正道]'의 실천의 핵심을 도식화하여 남겨놓은 것이다.

이 가설이 맞다면,《반야심경》은 나한테 어떤 도움을 줄 수 있는 가? 나 역시 인도 갑돌이처럼 고타마가 가르친 올바른 명상 수 행을 하면, 고타마의 확언대로 영원히 고통에서 벗어날 수 있 을 것이라는 확신, 이 확신이 나에게는 도움이 된다. 왜 이 '확 신'이 중요하냐 하면, 고타마는 다르마를 실천하는 데 있어 서 10가지 극복해야 할 장애물(10가지 족쇄)을 얘기했는데, 그 중 세 번째 장애가 고타마의 다르마에 대한 '의심疑心(비치킷짜 vicikicchā)'이기 때문이다.

내가 어떤 병에 걸려 별의별 비싼 약을 다 써봤는데 병이 낫 지 않는다고 해보자. 그때 누가 새로운 약을 주면서 이 약을 먹 으면 병이 나을 것이라고 한다. 그러나 나는 의심스러워서 망 설이고 있다. 이때 나와 똑같은 병을 앓고 있던 친구가 이 약을 먹고 병이 나았다고 한다. 그 말을 듣는 순간 나는 그 약에 대 한 의심이 수그러들고 그 약을 복용하기 시작한다.

마찬가지로 고타마의 다르마를 실천하고 고통에서 벗어났 다는 사람이 많이 나타날수록, 다르마에 대한 나의 '무의식적 인 의심'은 점점 사라지고, 다르마의 실천은 깨어남의 길과 점 점 가까워질 것이다. 그렇다면 여기에서《반야심경》을 해석하 는 목적은 위의 가설이 맞는지 안 맞는지를 점검하는 것이다. 10가지 족쇄, 즉 장애물에 대해서는 부록에서 언급할 것이다.

प्रज्ञापारमिता

프라즈냐 · 파라미타

《프라즈냐 파라미타 흐리다야 수트라》의 번역문

앞장에서 기술한 산스크리트《프라즈냐 파라미타 흐리다야 수트라》에 대한 우리말 번역을, 본격적인 해석에 앞서 다시 한번 읊어본다.

옴 존귀하옵는 프라즈냐 파라미타를 찬미하나이다.

고귀한 보디사트바 아발로키테슈바라가 심오한 프라즈냐 파라미타의 실천에 임하고 있을 때, 다섯-스칸다들 모두 실체가 비어 있음을 꿰뚫어 보았다.
여기에서는, 오 사리푸트라! 형색은 비어 있고 비어 있음이 바로 형색이며, 또 형색이 비어 있음과 다르지 않고 비어 있음도 형색과 다르지 않다.

무엇이든 형색이라면 그것은 비어 있음이고, 무엇이든 비어 있음이라면 그것은 형색이다. 느낌, 인식, 심리현상, 의식도 다 이와 같다.

여기에서는, 오 사리푸트라! 인식된 모든 것들은 비어 있음의 특징을 가지고 있다. 생기지도 않고 멸하지도 않는다. 더럽지도 않고 깨끗하지도 않다. 줄어들지도 않고 늘어나지도 않는다.

그다음에, 오 사리푸트라! 이 비어 있음에는 형색도 없고, 느낌도 없고, 인식도 없고, 심리현상도 없고, 의식도 없다.

눈, 귀, 코, 혀, 신체, 마음도 없다.

형색, 소리, 냄새, 맛, 촉감, 마음의 대상물도 없다.

눈의 영역도 없고 나아가 마음-의식의 영역도 없다.

무지도 없고 무지의 멸함도 없을뿐더러

심지어 늙음도 죽음도 없고, 늙음과 죽음의 멸함까지도 없다.

고통도, 원인도, 멸함도, 길도 없다.

알아낸 것은 아무것도 없다.

얻은 것도 없고 안 얻은 것도 없다.

그다음에, 오 사리푸트라! 얻은 것이 없기 때문에

보디사트바는 프라즈냐 파라미타에 의지함으로써 흐림 없고 맑은 마음을 갖게 된다.

흐림 없고 맑은 마음 덕택으로 그는 공포에서 벗어나고, 미혹된 망상을 극복하여 마침내 니르바나의 정상에 이른다.

과거, 현재, 미래의 모든 붓다들도 프라즈냐 파라미타에 의지하여 아눗다라삼막삼보디를 얻었고 또 얻게 될 것이니라.

그런고로 알아두어야 한다. 이 프라즈냐 파라미타의 위대한 만트라를!

이 신비로운 위대한 만트라

이 위대한 밝음의 만트라

이 위 없는 만트라

이 비교할 수 없는 만트라

고통을 없애주는

거짓 없고 참된

프라즈냐 파라미타를 설하는 만트라

그것은 이렇다.

가테가테 파라가테 파라상가테 보디 스바하.

이것으로 프라즈냐 파라미타의 핵심을 끝마친다.

프라즈냐_{prajñā} ·
실라_{sīla} · 사마디_{samādhi}

> • 옴 존귀하옵는 프라즈냐 파라미타[2]를 찬미하나이다.
>
> • 고귀한 보디사트바 아발로키테슈바라가 심오한 프라즈
>
>   냐 파라미타의 실천에 임하고 있을 때,

여기서 등장하는 '보디사트바bodhisattva 아발로키테슈바라avalo
kiteśvara'를 현장은 '관자재보살觀自在菩薩'로, 쿠마라지바Kumāra
jīva, 344-413는 '관세음보살觀世音菩薩'로 옮겼다. 그러나 이 존

---

2   반야바라밀다(프라즈냐 파라미타Prajñā Pāramitā)의 '반야'는 3학(계·정·혜) 가운데 혜(정견,
      정사)이다. 또한 계·정·혜, 즉 팔정도가 반야般若이며, 바라밀다波羅密多는 통찰지인 반
      야의 완성이라는 의미와 완성해간다는 과정의 의미로 이해해야 한다. 그러므로 반야의
      완성은 지혜의 완성과 동의어이고, 팔정도의 완성과 동의어이다. 팔정도의 완성을 통해
      서 불교의 궁극적 목적인 해탈과 해탈 열반을 실현하는 것이다. 그리고 반야경 구역舊譯
      에서는 '반야바라밀경'이라 하고 신역新譯에서는 '반야바라밀다경'이라 하는데, 600권에
      달하는 《대반야경》이 있다.

재에 대해서는 전혀 신경 쓸 것 없다. 하나 재미있는 것은 '아발로키테avalokita'란 말은 '옆에서 훤히 들여다본다'는 뜻인데, 이것은 고타마의 '고귀한 여덟 겹의 길' 중 일곱 번째인 '삼마 사띠samma sati', 즉 '바른 마음챙김' 혹은 '바르게 깨닫기'와 일맥상통한다.

고타마는 바르게 명상하기 위해서 '다섯 가지의 정신적 능력[오력五力]'을 개발하라고 누누이 역설했다. 이것은 사띠sati(마음챙김 또는 깨닫기), 사마디samādhi(집중력), 비리야viriya(정진력), 판냐paññā(prajñā, 통찰력), 그리고 삿다saddhā(확신력)인데, 그 중심에 있는 것이 사띠이다. 고타마의 명상을 통해 깨어나겠다면, 사띠의 개발은 필수조건이다. 사띠가 최고도로 개발되었을 때, 그 개발된 사띠를 인도 갑돌이는 예술적으로 '아발로키테슈바라'로 의인화한 것으로 봐도 무방하다. 우리가 무엇을 보려면 우선 빛이 있어야 한다. 사띠는 이 빛의 역할을 한다.

그러므로 '아발로키테슈바라'로 시작되는 이 구절을, '나, 인도 갑돌이는 사띠의 기능을 최고 수준으로 개발했으며, 마찬가지로 명상에 필요한 다른 정신적 기능들, 즉 사마디, 삿다, 비리야, 판냐도 최고 수준으로 개발했다. 이 준비된 기능으로 프라즈냐 파라미타의 실천에 임하고 있을 때…' 정도로 이해하면 되겠다. 중요한 것은 그다음 열쇠 낱말인 '프라즈냐 파라미타'의 올바른 이해이다. 이 낱말에 대해서 알아보자.

고타마의 비구니 수제자 담마딘나는 '고귀한 여덟 겹의 길'의 첫 번째 '바르게 본다[정견正見]'와 두 번째 '바르게 생각한다[정사유正思惟]'의 두 실천 항목을 묶어서 '판냐', 즉 '프라즈냐'라고 했고, 또한 고타마 자신은 쿠루족 사람들과의 대화에서 "고귀한 여덟 겹의 길에 있는 '바르게 본다'란 바로 '고귀한 네 가지 진실[사성제四聖諦]'을 말한다"고 못 박고 있다. 그는 진실을 그냥 '개념적으로 아는 것'이 아니고 명상 안에서 통찰하는 것이라고 말하고 있다. 왜냐하면, 고타마 자신은 진리를 철학적 사유로써 안 것이 아니고, 명상 안에서 통찰로 알았기 때문이다.

고타마가 개발하라는 '다섯 가지 정신적 기능'의 하나인 '프라즈냐'는 사마디(집중)와 사띠(깨닫기)의 '빛' 안에서 일어나는 현상들의 의미를 파악하는 능력, 즉 '통찰함'을 의미하고, 다시 통찰로 알아낸 '올바른 지식[프라즈냐]'을 복합적으로 지칭한다.

이 용어와 관련하여 목갈라나와 사리푸트라 사이에 에피소드가 하나 있다. 먼지를 뒤집어쓰고 관목에서 나오는 사리푸트라를 보고 목갈라나가 "너 거기서 뭘 하니?" 하고 묻자, 사리푸트라는 "아, 요사이, 프라즈냐(통찰력)가 약해져서 관목 밑에서 프라즈냐 연습을 하고 있었어"라고 말했다는 일화가 빠알리 경전인《맛지마니까야Majjhima Nikāya》에 적혀 있다.

'파라미타pāramitā'는 '완성해간다'는 과정의 의미와 '완성'이라는 결과의 의미를 모두 포함한다. 먼저 '파라pāra'는 '언덕'을 의미하고 '미mi'는 '~에 도달한다', 그리고 마지막의 '타tā'는 '~한 상태'를 가리킨다. '언덕에 도달한 상태'라는 말은 열반의 완성이라는 뜻이 된다. 다만 여기서 중요한 것은 '완성'이다.

예를 들어 육바라밀의 첫머리는 보시로 시작한다. 그런데 보시는 베푸는 행위이지만 보시의 완성과는 다르다. 주고 후회하는 마음 없이 보답을 기대하지 않음이 보시의 완성이다. 즉 완성의 과정과 완성까지를 말하고 있다. 그러므로 프라즈냐 파라미타는 고타마가 말하는 올바른 명상 안에서 실상에 대한 통찰(프라즈냐)을 완전무결하게 함으로써 고통에서 벗어나는 올바른 지식(프라즈냐)을 축적해나가는 전 과정을 의미한다. 그것은 바로 '고귀한 여덟 겹의 길'을 실천하는 구체적 과정을 말한다. 고타마는 이 과정을 통해서 무엇을 통찰해야 하고, 통찰한 결과의 지식이 어떤 것인지까지 모두 말해놓았다.

인도 갑돌이는 이 모든 것을 배우고 따라만 가면 된다. 그러면 그가 말하는, '올바른 명상' 안에서 통찰(프라즈냐)을 통해서 얻는 지식(프라즈냐)을 완성(파라미타)해나간다는, 즉 '고귀한 여덟 겹의 길'을 완성해나가는 과정은 어떤 것인가?

파라미타를 실천하는 데는 조심스러운 준비와 훈련이 필요하며, 단계적 과제를 이수하는 과정을 따라야 한다. 앞 장에서 언급한 바와 같이 고타마의 수제자인 담마딘나는 이혼한 자기

남편에게 고타마의 다르마를 설명하기 위해서, '고귀한 여덟 겹의 길'의 실천 항목을 프라즈냐(혜慧, 통찰), 실라(계戒, 윤리), 사마디(정定, 집중)의 삼 개 조인 '계학戒學' '정학定學' '혜학慧學'으로 축소, 재편했다.

프라즈냐는 여덟 겹의 길 중 (1) '바르게 본다'와 (2) '바르게 생각한다'라는 두 가지 묶음에 해당하고, 실라는 여덟 겹의 길 중 (3) '바르게 말한다' (4) '바르게 행동한다' (5) '바르게 노동(생계)한다'라는 세 가지 묶음에 해당하며, 사마디는 여덟 겹의 길 중 (6) '바르게 노력한다' (7) '바르게 마음 챙긴다, 혹은 바르게 깨닫는다' (8) '바르게 집중한다'라는 세 가지 묶음에 해당한다.

또 종합적으로 묶어서 표현하면, '계'는 오관의 단속과 윤리적·도덕적 삶을 뜻하고, '정'은 마음을 하나의 대상에 고요하게 모으는 삼매 수행을 뜻하며, '혜'는 통찰지의 개발, 즉 사성제의 통찰를 뜻한다. 프라즈냐를 얻기 위해서는 고타마의 언어로 표현된, 고타마의 다르마의 핵심 이론인 '고귀한 네 가지 진실'을 통찰하고 이해해야 한다. 그리고 이 방법으로 고통에서 벗어나겠다는, 즉 깨어나겠다는 결심을 해야 하며, 이것이 나의 삶의 목적이 되어야 하고, 그 밖의 생물학적 욕구는 이 목적의 부수적인 것으로 인식되어야 한다. 이것은 이론적 프라즈냐에 해당하며, 바로 여기에서 이론적 무장을 해야 한다는 말이 성립한다.

'실라(계)'는 그다음에 위치한다. 이것은 실제 삶에서 무의식적으로 갈애渴愛에 중독된 상태를 치유하는 역할을 한다. 연구의 대상인 '나의 삭까야(몸-마음)'를 갈애의 중독에서 빈틈없이 깨끗이 정비해야 한다는 의미이다.

다음 순서는 '사마디'이다. 이것은 '삭까야'에게 고타마의 명상 방법을 가르치고, 명상을 되풀이하면서 고도로 집중된 지속적인 마음챙김 깨닫기의 능력을 갖추게 하는 것을 의미한다.

다시 프라즈냐가 이어진다. 이것은 잘 정비된 이 삭까야에 대하여 고도로 집중된 마음챙김 깨닫기를 지속적으로 유지하면서 삭까야의 실상을 부분부분 단계적으로 더 깊이 관찰하는 것이다. 그리하여 처음에 이론상으로 이해한 '이론적 프라즈냐'를 실제 실험을 통해서 다시 '아는' 프라즈냐이다. 그러므로 프라즈냐는 고타마의 다르마를 이론적으로 알고 이론적 무장을 하는 것과, 그것을 가이드로 해서 실제 명상 안에서 그렇다는 것을 확인하고 실험하면서 실제로 고통에서 벗어나는 지식을 얻는다는 복합적 의미가 있다. 이것을 '통찰적' 또는 '명상적' 프라즈냐라고 부를 수 있다.

이상을 도식화하면, 파라미타는 〈프라즈냐 → 실라 → 사마디 → 프라즈냐〉의 거시적 과정을 밟으면서 이루어진다. 그러나 실제 수행 과정은 이 3단계를 일회적으로 끝내는 것이 아니고 점차적으로 '되풀이'해나가는 것이다. 이것을 다시 표현하자면 〈프라즈냐 → 실라 → 사마디 → 프라즈냐 → 실라 → 사마디 → 프라즈냐 → 실라 → 사마디 → 프라즈냐 → … → 프라즈냐〉로 정리할 수 있다.

이렇게 되풀이해가면서 점점 실라, 사마디, 프라즈냐가 고도로 개발되어간다. 이것이 프라즈냐 파라미타이다. 이렇게 안다면 프라즈냐 파라미타를 '지혜의 완성'이라고 불러도 괜찮을 것이다. 그러나 이때 이 '지혜'는 배달말의 통상적인 의미의 '지혜'가 아니란 것을 분명히 해두고자 한다.

이 계·정·혜 '삼학三學'은 앞에서 말한 고타마의 고귀한 여덟 겹의 길을 3개의 각지로 묶어서 실천하는 구체적인 방법이다. 이는 전술한 바와 같이 고타마의 최고의 수제자 담마딘나 비구니가 이혼한 자기의 전남편 비사카에게 최초로 시도한 것으로, 뒤에 고타마의 열렬한 지지를 받았다. 삼학은 불교 수행의 핵심이요 전부라고 할 수 있는 극히 효과적인 수행법으로 정착되었다.

《맛지마니까야》 5장 44, 〈교리문답의 짧은 경〉과 《테리가타(장로니게 경)》 1장 12에는 이 담마딘나 비구니의 다음과 같은 시가 한 구절 나온다.

"궁극을 지향하며 의욕을 일으키고 정신적으로 충만하여야 하리. 감각적 욕망에 마음이 묶이지 않는 님이 흐름을 거슬러가는 님이라 불린다."

다시 본론으로 돌아가자. 고귀한 여덟 겹의 길을 세 개 조로 엮은 실라, 사마디, 프라즈냐를 몇 번 되풀이해야 이 모두가 완전하게 완성될 수 있을까? 그것은 수행자의 능력과 노력에 달려 있을 것이다.

언젠가 성급한 제자가 고타마에게, "멋진 고타마, 좀 빨리 깨어나는 방법이 없는가"라고 물었을 때, 고타마는 "물론 있지!"라고 답한다. 그때 그 제자는 이제 살았다는 얼굴로 다급하게 애원한다. "멋진 고타마여! 그 빨리 깨어나는 비법을 제발 좀 가르쳐달라." 고타마는 그에게 말했다. "내가 그 비법을 가르쳐줄게. 잘 들어라. 첫째는 실천이다. 둘째도 실천이다. 셋째도 실천이다!"

고타마는 10개의 족쇄에 묶여 있는 사람들의 수행진척도를 4단계로 나누어 설명했다.

- 소타파나 sotāpanna(입류 入流, 수다원, 가람 타기)

- 사카다가미 sakadāgāmin(일래 一來, 사다함, 한번 돌아오기)

- 아나가미 anāgāmin(불환 不還, 아나함, 안 돌아오기)

- 아라한트 arahant(불생 不生, 아라한, 적을 물리친 자)

그리고 《맛지마니까야》(M118), 〈들숨 날숨에 대한 마음챙김 경〉
에서는 들숨과 날숨의 호흡을 하며 몸[신身], 느낌[수受], 마음
[심心], 법法의 4가지 대상을 각 4단계씩 관찰하는 16단계로 세
분화해서 프라즈냐 파라미타(지혜의 완성)의 길, 즉 방법을 설명
하고 있다.

　이상이 '고귀한 여덟 겹의 길'을 실천하는 구체적인 방법인
'프라즈냐 파라미타'의 내용이다.

실체가 비어 있음 ·
꿰뚫어 봄 ·
다섯-스칸다

> • 고귀한 보디사트바 아발로키테슈바라가 심오한 프라즈
> 냐 파라미타의 실천에 임하고 있을 때,
> • 다섯-스칸다들 모두 실체가 비어 있다는 것을 꿰뚫어
> 보았다.

인도 갑돌이는 프라즈냐 파라미타, 즉 명상 안에서 통찰을 해
가는 어떤 과정에서 마침내 다섯-스칸다 모두가 아무런 실체
가 없고 비어 있다는 것을 꿰뚫어 보았다.

'꿰뚫어 봤다'는 '프라즈냐로써 통찰했다'는 말이고, '다섯-
스칸다가 비어 있다'는 프라즈냐로 통찰한 결과 얻어진 '지식'
으로서의 프라즈냐를 가리킨다.

이것이 바로 고타마가 보리수나무 아래서 행한 올바른 명

상의 진리였다. 인도 갑돌이는 고타마가 가르쳐준 그 명상법을 통해서 똑같은 진리를 깨달은 것이다. 어떤 진리인가? 바로 '나'는 다섯-스칸다가 아니고 시공간의 제약을 받지 않는 '초월적 존재이다'라고 하는 놀라운 진리이다.

삭까야_{sakkāya} ·
상카라_{saṅkhāra}

먼저 고타마가 도입한 '삭까야sakkāya'라는 낱말에 관해서 설명한다. 고타마는 자신의 명상 안에서 알아낸 '고통에서 벗어날 수 있는 지식', 즉 프라즈냐를 언어로써 사람들에게 정확하게 전달하기 위해서 전문술어들을 많이 고안해냈다. 이 언어체계를 '빠라마아타paramattha', 즉 '초월 언어'라고 한다. 이것은 마치 물리학자들이 물리학을 하기 위해서 그들 나름대로 전문술어들을 만들어내는 것과 마찬가지이다. 고타마의 다르마는 이 빠라마아타로 기술되어 있다. 이것을 중국 사람들은 '승의勝義'라고 번역했다.

　고타마는 일반적으로 쓰이고 있는 낱말들의 소리와 맛은 유지하되, 그 낱말의 관례적인 의미를 썻어내고 특유의 의미를 부여하는 식으로 빠라마아타 낱말들을 만들었다. 그중 하나가

'삭까야sakkāya'이다. '삭까야'라는 낱말은 고타마의 다르마를 논하는 데 대단히 편리하다. 고타마의 다르마를 두 빠라마아타 개념으로 표현한다면, 그것은 '삭까야 아나타', 즉 '삭까야는 내가 아니다'라고 요약할 수 있을 정도이다.

삭까야는 이 우주에 서식하는 모든 생물들을 뜻한다. 개, 소, 말, 돼지 같은 동물들이 다 삭까야이다. 소나무, 장미, 난초, 배추, 상추, 무도 다 삭까야이다. 기생충, 박테리아도 모두 삭까야이다. 아버지, 엄마, 교수님, 목사님, 스님, 임금, 예수, 고타마 역시 '인간 삭까야'이다. 외계에 살고 있다는 E.T도 다 삭까야이다. 모든 삭까야들은 설계상 모양이 다르고 성능이 다를 뿐이다. 모든 삭까야는 서로 잡아먹고 산다. 이것을 생태계의 '환경 시스템Ecosystem'이라고 한다. 모든 삭까야들은 잡아먹히는 고통을 필사적으로 피하려 하고, 살기 위해서는 쉴 새 없이 잡아먹어야 한다. 보통 우리가 무의식적으로 '나'라고 할 때 이 일인칭 대명사 '나'는 '나의 삭까야'를 가리킨다.

그런데 삭까야를 성격 짓는 데 있어서, 고타마는 또 하나의 빠라마아타 언어인 '상카라saṅkhāra'를 도입했다. 이 낱말은 '만들다'라는 뜻의 '상카로티saṅkhāroti'라는 동사에서 왔다. 상카라는 '만들기'와 '만들어진 것들'의 복합개념인데, 여기서 중요한 점은 '만들어진 것'과 별도로 '만드는 자'가 있는 것은 아니라는 점이다. '만들고, 만들어진 것들이 또 만들고' 하는 현상이 있을 뿐이다. 마치 연속적으로 퍼져나가는 세포 분열 현상과 흡사하다.

내 삭까야가 잉태되었을 때 그것은 단세포였다. 그 단세포가 만들고 만들어지고, 만들어진 것이 또 합세하여 만들고 만들어지고 하는 과정의 결과가 지금 나의 삭까야의 육체인 것이다. 무리해서 번역한다면 '제조품들'이라고 하겠지만, 아무래도 '상카라'의 맛은 없다. 여하튼 고타마는 우리의 삭까야를 계속 밑도 끝도 없이 만들고 만들어지고, 만들어진 것이 또 만들고 하는 상카라의 '제품 생산 활동'과 같은 것으로 보았다. 그러므로 삭까야는 상카라(行, 형성)이다.

그런데 만일 '나'라고 할 만한 그 무엇, 즉 아무것에도 의존하지 않고 영원불변한 '실체(스바브하바svabhāva)'가 이 삭까야 안에 있다고 한다면, 그것은 이 상카라 안 어디엔가 있을 것이다. 고타마는 이 '나'라고 할 만한 '실체'를 찾으려고 했다. 그러기 위해서, 그는 이 상카라들을 유사한 요소들끼리 모아 몇 개의 그룹으로 분류했다. 이렇게 분류된 각각의 그룹을 그는 '스칸다skandha(온蘊)'라고 불렀는데, 이 또한 빠라마아타 언어이다. 상카라를 '기능적 활동' 혹은 간단하게 '활동'이란 관점으로 파악하고서, 이것을 유사한 것들끼리 모아 여러 스칸다로 분류했던 것이다. 그런데 고타마의 분류는 무슨 철학적 사유와 합리적 논리에 의한 것이 아니고, 명상 안에서 철저하게 관찰한 결과에 의거하고 있다.

21세기 현대 과학의 발견에 따르면, '나' '나의 것' '나의 자아'라고 여겨지는 '삭까야'는, 100만여 종이 넘는 단백질로 조직된 해부학적 구조의 '신체'를 가지고 있다. 이 신체는 100조 개에 달하는 세포로 구성되어 있고, 각 세포의 23쌍 염색체에 존재하는 30억여 개의 염기쌍의 배열구조를 보면 염기 숫자는 30억 7천만 개, 여기에 유전자는 2만 5천 개에서 3만 2천 개로 밝혀져 있다(1990~2003년에 인체의 게놈지도 99.8% 완성).

그런데 이 조직체는 시멘트처럼 고착된 것이 아니라 역동적으로 움직이면서 변하고 있다. 해부학적으로 조직된 단세포의 '씨앗'으로부터 시작하여 서서히 변하면서, 태아가 되고 아기가 되고 어린이가 되고 청년이 되고 장년이 되고 늙은이가 되고, 결국 죽어서 시체가 된다. 그러고 나서 시체는 해체되어 분자, 원자, 소립자 등으로 되돌아간다.

위, 소장, 대장, 간, 기타 오장육부의 기능도 다 신체적 활동이다. 이것은 상식적으로도 다 알고 있겠지만, 위빠사나 수행의 명상 단계에서는 '내 삭까야의 신체'가 이렇게 되어가는 것을 직접 볼 수 있다. 그 변화하는 역동의 장을, 즉 흙같이 응고하고 물같이 접착하며 불같이 온랭이 파급하고 공기같이 관통하는, '지地' '수水' '화火' '풍風'이 일어나고 사라지는 네 가지 원초적 현상을 이 단계에서 보게 된다. 이 '신체적인 상카라(활동)'를 고타마는 '형색-스칸다(색온色蘊, rūpa-skandha)'로 분류했다. 형색-스칸다는 삭까야의 근본 바탕을 이룬다.

삭까야는 또 느낌[수受], 인식[상想], 심리현상[행行], 의지, 욕구 등의 정신[명名, nāma]적인 활동을 한다. 고타마는 정신적 활동의 일어남을 관찰하고, 그 활동을 세 스칸다로 나누었다. 하나는 '느낌-스칸다(수온受蘊, vedanā-skandha)'로, '유쾌한' '불쾌한' '유쾌하지도 않고 불쾌하지도 않은' 느낌들의 활동을 말하고, 또 하나는 '인식-스칸다(상온想蘊, saññā-skandha)'로, 감각된 것을 '이것이다' '저것이다'라고 알아차리는 지각 활동을 의미한다. 나머지 기타 모든 정신적 활동, 예컨대 욕구, 생각, 의지, 구상 등의 심리현상을 '상카라-스칸다(행온行蘊, saṅkhāra-skandha)'라고 불렀다. 그리고 이 정신적 활동과 신체적 활동을 통틀어서 고타마는 '정신-형색의 유기체', 즉 '나마-루파nāma-rūpa'라고 불렀다. 다시 말하면 '나마'는 정신적 개념이고, '루파'는 물질적 존재이다. 중국인들은 이 용어를 '명색名色'이라고 번역했다.

한편 형색-스칸다에는 여섯 감각 기관이라는 해부학적 구조물이 있는데, 이것들은 여섯 창문과 같아서 외부에 있는 '에너지의 율동'이 이들을 통해서 들어온다. 이 감각 기관들을 우리는 눈, 귀, 코, 혀, 신체, 그리고 의식(마노mano)이라고 부른다. 이 감각 기관으로부터 들어온 에너지의 율동은 전부 전자 충격파로 변하고, 그것들은 신경망을 거쳐 대뇌로 집결되면서 율동하는 전자장으로 변한다.

또한 삭까야 안에는 '안다'라는 기능이 있는데, 이것을 '의식', 즉 '비즈냐나vijñāna'라고 한다. 눈-감각 기관으로 들어온 에너지의 율동 중 파장이 4,000옹스트롬(Å)부터 8,000옹스트롬까지의 전자파를 대뇌가 의식하면, 그것이 삭까야 '안'에서 '색깔'이 된다. 즉 삭까야는 눈으로 들어온 에너지 율동을 '색깔'로 안다. 마찬가지로, 귀-감각 기관으로 들어온 에너지의 율동(음파)으로 야기된 전자장을 대뇌가 의식하면, 그것은 '소리'가 된다. 즉 삭까야는 귀로 들어온 에너지 율동을 '소리'로 안다.

그러므로 삭까야가 '의식을 하고 있다'라는 것은 '안다'라는 말이고, 그것은 '감각물들이 있다'라고 하는 것 외에는 다른 의미가 없다. 이렇게 감각물을 아는 것, 즉 별의별 색깔, 소리, 냄새, 맛, 촉감, 상념들이 일어나고 사라지는 상카라들을 모아서 고타마는 적합하게 '의식-스칸다(식온識蘊, vijñāna-skandha)'라고 했다. 우리 배달말에 '감각'이란 단어가 있는데, 의식-스칸다는 바로 이 감각-스칸다이다. 아무리 신체가 정상적이라 해도, 의식이 없으면 색깔, 소리, 냄새, 맛, 촉감, 상념 등의 감각은 없다.

그런데 엄밀히 따지자면, 의식의 활동은 이 감각 활동보다 훨씬 더 포괄적이다. 흔히 이것을 의식의 율동이라고도 한다. 상세히 설명하면 다음과 같다.

외부에서 오는 에너지 율동이 감각될 때 그것들은 혼합 상태에 있는데, 그것을 '무엇'으로 알아차리면서 하나의 통합체로 아는 것이 '인식' 혹은 '지각'이라는 것이다. 예를 들면, '눈-의식'으로 별의별 색깔을 본다. 그다음 순간, 그 색깔들을 구획 지으면서, '산' '구름' '자동차' '비행기' 등등으로 인식하고 지각한다. 인식하는 대상이 없으면 의식은 일어나지 않는다. 대상 없는 인식은 불가능하다. 명상 안에서 실증적으로도 증명된다. 그래서 인식 활동을 '지각 의식'이라고도 한다.

산길을 걷다가 '뱀'을 보고 발을 멈춘다. 좀 더 보고 있으니 그것은 뱀이 아니라 새끼줄이었다. 어떤 감각된 색깔을 주변 색깔들로부터 구획 지어 그것을 '뱀'으로 인식하다가 다음 순간 그 색깔 뭉치를 '새끼줄'로 인식했다는 이야기이다. 결국 삭까야는 계속 감각된 것들을 인식하면서 오히려 '인식대상'을 만들어낸다. 나의 세계는 내가 감각하고 그것을 인식한 그림이다. 인식에 따라 세계가 다르다. 그래서 '세계는 내 의식 안에 있다(The world exists in my consciousness)'고 하는 것이다.

인식으로 인하여 세계가 그려지면, 그 세계에 대해서 정신활동의 하나인 '느낌'이 일어난다. 기분 좋은 느낌, 기분 나쁜 느낌, 혹은 기분 좋지도 않고 기분 나쁘지도 않은 느낌, 이 세 종류의 느낌들은 시시각각 새롭게 인식되는 세계에 대해서 시시각각 필연적으로 일어난다. 이 느낌들도 의식이 만들어낸다.

이것을 '느낌 의식'이라고 한다.

한번 느낌이 일어나면 그것에 대해서 충동적인 반응이 일어난다. 그 전형적인 양상은 이렇다. 좋은 기분을 주는 인식대상에는 가까이 가려고 하고, 소유하고 지배하려는 탐욕의 욕구[탐심貪心]가 일어난다. 그 욕구를 충족하기 위한 별의별 생각들을 구상한다. 나쁜 기분을 주는 인식대상에 대해서는 멀어지려고 하고, 더 나아가서는 공격하고 파괴하여 없애려고 하는 증오의 욕구[진심嗔心]가 일어난다. 이 욕구를 충족하기 위해 별의별 생각들을 구상한다.

기분이 좋다거나 나쁘다가 확실치 않을 때 삭까야는 어떻게 충동적으로 반응할지 잘 모른다. 이럴 때 평소에 내가 주워 모은 '믿음'의 보따리를 연다. 이 보따리 안에는 거룩한 사람들의 훈계 말씀들, 믿는바 신조, 신념, 이념, 가치관, 전통, 무비판적으로 주입된 윤리, 도덕, 관례, 습관 등등이 다 있다. 고타마는 이 쓰레기 보따리를 미혹의 어리석음[치심癡心]이라고 했다. 기분이 '좋다' '싫다'가 분명치 않을 때, 삭까야는 이 보따리 안에 있는 어떤 것들과 짜 맞춘다. 그리고 그 짜 맞추어진 것에 맞도록 반응하고 싶은 '치심癡心'이 일어나고, 그 치심을 충족하기 위한 별의별 생각들을 구상한다.

고타마는 이렇게 반응하는 모두와, 위의 네 가지 스칸다에 포함되지 않는 모든 상카라를 합해서 '상카라-스칸다(행온行

蘊)'라고 했다. 이 상카라-스칸다도 의식이 만들어낸다. 이 의식을 '상카라-의식'이라고 한다. 그다음 상카라-스칸다에서 구상된 대로의 행위, 즉 동작이나 소리내기, 그리고 표정 짓기 등 형색의 움직임이 일어나는데, 이것도 의식이 만들어낸다. 이것을 '행위-의식'이라 한다. 상카라-의식과 행위-의식을 합해서 '반응-의식'이라고 한다.

외부에서 삭까야의 형색으로 들어오는 에너지 율동에 대해 삭까야의 의식(마음, citta)은 감각-지각(인식)-느낌-상카라(반응)-행위라는 다섯 박자의 파도를 동시다발적으로 일으킨다. 이렇게 파도친 대로 삭까야의 형색-스칸다는 행위, 즉 카르마를 짓는다. 이 다섯 박자의 의식의 파도인 '찟따'는 '심心'으로 번역되는데, 감각의식은 의식-스칸다(vijñāna-skandha)로서 찟따의 첫 번째 박자이다. 의식-스칸다는 이 첫 번째 박자의 감각의식의 산물들을 지칭한다. 중국 사람들은 이 감각의식을 그냥 알 '식識' 자로 번역했다. 이상의 내용을 정리하면 다음과 같다.

의식(citta)은 '안다'는 의미이며, 이것의 산물들은 (1) 감각물들(sense data), (2) 인식물들(percepts), (3) 느낌들(feelings), (4) 기타 상카라들(volition, thinking, dispositions 등등), (5) 별의별 몸 움직임들(동작, 표정, 소리) 등이다.

'삭까야'라는 생물학적 시스템은 정신-형색이라는 유기체의 준시스템과 의식이라는 준시스템이 상호의존적으로 통합된 시스템이다. 기능적 활동 면에서 볼 때, 다섯 활동 혹은 다섯-스칸다로 구성되어 있고, 그 활동의 일어남은 다시 아래의 도식과 같다.

도표 1. 다섯 – 스칸다

고타마는 삭까야(=상카라)를 활동의 측면에서 세 그룹, 즉 '언어-상카라(구행口行, vacīsaṅkhārā)' '신체-상카라(신행身行, kāyasaṅkhārā)' '정신-상카라(의행意行, cittasaṅkhārā)'로 분류하기도 했는데, 여기에 대해서는 쟈아나jhāna(선禪) 명상을 언급할 때 그 상세한 내용을 논할 것이다. 이 도식과 관련하여 고타마는 경전의 여러 곳에서 다음과 같이 말한다.

"오 친구들아! 두 갈대 다발이 서로 기대어 서 있는 것과 같은 식으로, 친구들아, 의식은 정신-형색의 유기체[nāma-rūpa]에 의존해서 일어나고, 정신-형색의 유기체는 의식에 의존하여 일어난다."

"아난다, '정신-형색의 유기체는 의존하는 것이 있는가?'라는 질문에 대한 대답은 '있다. 정신-형색의 유기체는 의식에 의존한다'이고, '의식은 의존하는 것이 있는가?'라는 질문에 대한 대답은 '있다. 의식은 정신-형색의 유기체에 의존한다'이다."

"아난다, 이 진실, 즉 '의식은 정신-형색의 유기체에 의존한다'라는 것은 이렇게 이해해야 한다. 만일 의식이 어미의 자궁에 수정된 씨앗 안으로 하강하지 않으면 정신-형색의 유기체가 형성될 수 있는가?(의식은 비시공간적이다. 비시공간적인 '안다'가 조직되어 각 삭까야의 '의식'이 되는 것이다.)"
"진정코 그렇게 될 수는 없습니다. 세존이시여!"
"아난다, 가정해서, 어미의 자궁에 들어온 의식이 다른 데로 떠나가버린다면, 그 정신-형색의 유기체가 세상에 태어나올 수 있는가?"
"아니요. 진정코 그럴 수는 없습니다. 세존이시여!"
"아난다, 만일 의식이 아이들(사내아이들이든 계집아이들이든)로부터 분리된다면, 그런 정신-형색의 유기체가 성장하고 커지고 발달할 수 있는가?"

"아니요. 진정코 그렇게 될 수는 없습니다."

"그러므로 아난다, 이 의식에 정신-형색의 유기체의 존립의 원인, 계기, 원천, 그리고 의존이 있는 것이다. 그리고 나는 말하고 있다. 의식은 정신-형색의 유기체에 의존하고 있다.

아난다, 이 진실, 즉 '정신-형색의 유기체에 의식이 의존하고 있다'는 것을 이렇게 이해해야 된다.

아난다, 만일 의식이 정신-형색의 유기체라는 거점을 차지하지 못하면, 미래에 태어남과 늙어감과 죽음과 고통의 숙주인 존재로 다시 들어옴이 있을 수 있는가?"

"아니요. 그렇게 될 수는 없습니다. 세존이시여!"

"그러므로 이 정신-형색 유기체에 의식의 원인, 계기, 원천, 그리고 의존이 있는 것이다."

《디가니까야》, 〈대인연경〉(D15:21)

그리고 의식 시스템과 별도의 시스템인 정신-형색의 유기체에 대해서 고타마는 경전의 도처에서 이렇게 말하고 있다.

"수행자들아, 정신-형색의 유기체[nāma-rūpa]는 무엇인가? 느낌, 인식, 심리현상, 접촉, 주의 따위가 정신(nāma)이다. 네 가지 원소(흙, 물, 불, 공기)의 성질로 조직된 구성물이 형색(rūpa)이다."

고타마는 또 정신(나마nāma)을 '정신-몸(나마까야nāma-kāya)'이라고, 형색(루빠rūpa)을 '물질-몸(루빠까야rūpa-kāya)'이라고 부르기도 했다. 삭까야는 돌이나 책상과 같은 순수한 물질적 기능을 하는 루빠까야를 가지고 있지만, 동시에 정신적인 기능을 할 수 있는 나마까야를 가진 존재라는 것이다. 결론은 이렇다. 삭까야는 육체적인 기능과 정신적인 기능을 할 수 있는 기계이다. 그러나 그 기능이 발휘되기 위해서는 의식이 첨가되어야 하고 의식이 발동되어야 한다. 삭까야는 여섯 감각 기관을 가진 의식 있는 정신-신체의 기능을 하는 생화학적 유기체의 '기계'일 뿐이다.

고타마는 자신의 삭까야를 지속적으로 역동하는 상카라, 즉 물질·심리현상이 쌓인 모임으로 보고 그것을 다섯-스칸다로 나누었다. 그동안 그가 연마한 집중된 사띠sati, 즉 '마음챙김' 혹은 '깨닫기'를 통하여, 마치 레이저 빔을 조명하듯이 스칸다들 하나하나에 비추었다. 그는 명상 속에서 프라즈냐의 통찰로써 알았다. "삽베 상카라 둑카, 삽베 상카라 아닛짜!(모든 상카라는 불안정하고 모든 상카라는 무상하다!)" 삭까야는 쌓여 모이는 상카라 이상도 이하도 아니다. 삭까야 안 어디에도, 다섯-스칸다 어디에도 불변의 '나'라고 할 만한, 스스로-존재하는 실체는 없다는 것을 명상에서 체험적으로 알아 프라즈냐를 이루었다. 즉 사띠를 통해 "삽베 담마 아나타!(삭까야는 어떤 것도 내가 아니다)"라는 것을 깨달아 프라즈냐를 얻었다. 이것은 제행무상諸行無常, 제법무아諸法無我, 일체개고一切皆苦의 '삼법인三法印'으로 번역되었다.

여기서 우리는 아주 핵심적인 질문을 해야 된다. 고타마는 다섯-스칸다를 '집중된 깨닫기[염念, sati]'로 비추어보고, 그것에서 일어나는 상카라가 불안정하고 무상하다는 것을 통찰했다고 한다. 인도 갑돌이도 깨닫기의 빛 아래서 보이는 모든 상카라를 프라즈냐로 통찰하여 똑같은 결론을 얻었을 것이다.

그렇다면 이 '깨닫기'와 '통찰'은 다섯-스칸다 중의 어느 스칸다에 속해 있는가? 만일 깨닫기와 통찰이 다섯-스칸다 중의 어느 하나에 속해 있다면, 그 자체가 깨닫기와 통찰의 대상이 되므로, 그것도 불안정하고 무상해야 한다.

예컨대 갑이 을에게 "너는 불안정하고 무상하다" 할 때, 두 가지 경우가 가능하다. 첫 번째 경우는 갑은 실제로 안정하고 항상하고 을은 실제로 불안정하고 무상하다는 것이고, 두 번째 경우는 을은 실제로 안정하고 항상한데, 실제로 불안정하고 무상한 갑이 자신의 그 불안정하고 무상한 눈으로 볼 때 멀쩡한 을이 불안정하고 무상하게 보인다는 것이다. 이 두 가능성을 허용하는 한, 갑과 을은 어느 쪽이 안정하고 불안정한지 확실성이 없어진다.

그런데 고타마는 분명하게 말하고 있다. 집중된 사띠의 깨닫기와 통찰의 대상인 다섯-스칸다는 불안정하고 무상하다고. 그러므로 깨닫기와 통찰의 대상인 다섯-스칸다 안의 어떤 것도 내가 아니다(삽베 담마 아나타).

깨닫기와 통찰은 시공간에 있는 모든 것이 불안정하고 무상하며, 시공간에 속해 있는 삭까야는 필연적으로 불안정하고 무상할 수밖에 없다는 자각을 가져온다. 그렇다면 사띠의 깨닫기와 통찰지는 어디에 속해 있는가?[3]

'나'는 '무명無明(avidyā 혹은 avijjā)', 즉 무지의 상태에 있다. 이 말은 나는 깨닫지 않았고 빛이 없으며, 그러므로 아무것도 안 보인다는 의미이다. 다시 말해서 아무것도 통찰하지 않는다는 것이다. 그러나 삭까야의 다섯-스칸다의 상카라를 깨닫고 또한 깨달은 '모든 것'을 통찰한다는 것 자체는 '내'가 '깨어 있다'는 증거이다. 이것을 다른 말로 하면 정지正知·정념正念, 즉 '알아차림과 마음챙김을 하고 있다'로 표현할 수 있다.

그러므로 삭까야가 '나'라는 무지에서 깨어나려면, 다섯 가지 정신적 능력, 즉 깨닫기(sati)·통찰력(paññā)·집중력(samādhi)·정진력(viriya)·확신력(saddhā) 등 오력五力을 개발하여 다섯-스칸다를 대상으로 관찰함으로써 그것이 '나'가 아니

3　사띠의 깨닫기와 통찰지는 무지無知의 반대 개념인 명지明知의 의식 상태에서 일어난다 (팔정도의 7번째 각지).

라는 것을 알아야 된다. 삭까야는 눈으로 보고, 그 본 것을 인식한다. 또한 이것과 대칭하여 '나'는 깨닫기로 보고, 그 본 것을 통찰한다. 이렇게 있는 그대로의 삭까야를 훤히 깨닫고, 그 깨닫기의 빛 안에서 다섯-스칸다의 불안정하고 무상함을 '나'는 통찰하고 있는 것이다.

《쿳다까니까야Khuddaka Nikāya(소부경전小部經典)》의 〈우다나 Udāna〉8품 1과 8품 3에서 고타마 붓다의 감흥어(제2부 5장 '비어 있음' 참고)를 살펴보면, 시공간과 비시공간의 경계는 따로 있는 것이 아니며 무지無知의 인식과 명지明知의 인식이 있을 뿐임을 알게 된다. 즉 무지의 의식 상태에서 다섯-스칸다는 '나'이고, 명지의 의식 상태에서 다섯-스칸다(오온五蘊)는 '나'가 아니다. 그렇게 해서 범부 중생과 깨달은 이, 즉 아라한의 차이가 명확해진다. 범부 중생은 다섯-스칸다가 있고 오취온五取蘊이 있지만, 깨달은 이, 즉 아라한에게는 다섯-스칸다는 있지만 오취온이 없다[4]는 말이 그것이다.

유사한 가르침을 신라의 거성 의상義湘, 625-702 스님이 지은 〈법성게法性偈〉에서도 찾아볼 수 있다. 7언 30구로 되어 있는 〈법성게〉에는 "구세십세호상즉 잉불잡란격별성九世十世互相卽 仍不

---

[4] 불교의 궁극적인 목표는 해탈과 열반이다. 해탈과 열반은 '탐진치貪瞋癡'라는 삼독심三毒心의 멸진滅盡이고 고통의 소멸이다. 그것이 곧 오취온五取蘊의 없음이라고 한다. 오취온은 오온(色·受·想·行·識)에서 일어나는 취사심取捨心의 다섯 무더기를 말하기도 한다.

雜亂隔別成"이란 구절이 등장한다. 즉 "세간世間[시공간]과 출세간出世間[비시공간]이 서로 함께 어울리되 혼란 없이 정연하게 따로따로 이루었네"라는 대목이 그것이다. 또한 "이사명연무분별 십불보현대인경理事冥然無分別 十佛普賢大人境", 즉 "변함이 없는 진리의 세계와 조건 지어진 현상세계가 함께 어울려 있지만, 이는 깨달은 이의 경계에서만 알 수 있으리라"라는 내용도 보인다.

삭까야의 초월적 기능인 오근五根 · 오력五力을 지속적으로 개발하는 것이 바로 '내'가 점점 깨어나는 고타마 명상의 핵심이라고 결론지을 수 있다. 다섯-스칸다에 관한 설명은 이것으로 종결하고, 다음에는 다섯-스칸다의 '실체가 비어 있다'라는 것에 대해서 알아보고자 한다.

비어 있음: 공空

우선 생각해보아야 할 중요한 것은 '실체가 비어 있다'라는 어법이다. '실체가 비어 있다'라는 표현은 통상적 배달말 관습에 비추어볼 때 좀 어색한데, 여기에 대해서는 설명이 필요하다. 먼저 '비어 있음[공空]'이라는 개념과 그것의 언어적 사용법에 대해서 설명한다.

방 안에 책상이 하나, 의자가 하나 있다고 가정하자. 그런데 책상과 의자 모두가 그 방에서 밖으로 옮겨졌다고 하자. 이때 산스크리트나 또 같은 언어 계통에 속해 있는 영어나, 언어 계통이 전혀 다른 배달말이나 다 "이 방은 비어 있다(This room is empty)"라고 표현한다. 그런데 책상은 남아 있고 의자만 밖으로 옮겨졌다고 가정하자. 이럴 때 영어나 산스크리트에서는 "이 방에는 의자가 비어 있다(This room is empty of the chair)"라고 흔히 표현한다. 이 말은 '이 방에 다른 것은 다 있지만 아까 있었던 의자는 그곳에 없다'라는 의미이다. 배달말의 표현은 다르다. 이럴 때 "이 방에는 다른 것은 있고 의자만 없다"라고 표현하지 "이 방에는 의자가 '비어 있다'"라는 표현은 안 쓴다. 따라서 고타마가 무엇 무엇이 '비어 있다'라고 말할 때, 그것을 "다른 것은 다 있지만, 그 무엇 무엇만은 없다"라고 이해해야 한다.

인도 갑돌이가 다섯-스칸다에는 스스로-존재하는 실체가 '비어 있다'라고 할 때, 그 의미는 다섯-스칸다 안에 '아무것도 없다'라는 것이 아니라, 다섯-스칸다 안에는 다른 것은 다 있지만 유독 '스스로-있는 실체'만은 그곳에 '없다'라는 뜻이다. 위 번역에서의 "실체가 비어 있다(svabhāvaśūnyān)"도 이렇게 이해해야 한다.

고타마가 도입한 '순야 śūnya(공空)'라는 빠라마아타 낱말의 개념에 대한 설명을 우리는 이렇게 이해할 수 있을 것이다.

'순야', 즉 '비어 있다'는 무슨 뜻인가? 방에 가구가 있다고 믿었는데, 막상 그 방에 들어가 보니 가구가 없더라. 이때 우리는 '그 방에는 가구가 비어 있다' 혹은 배달말 어법으로는 '방에 가구가 없다'고 한다. 마찬가지로 다섯-스칸다, 그러니까 삭까야 안에 '나'라고 할 만한 알맹이, 즉 스스로-존재함 혹은 실체가 있는가 하고 실제로 들여다보니 그런 것은 없더라. 이때 나는 '다섯-스칸다는 스스로-존재하는 것이 비어 있다'고 한다. 다시 말해서 삭까야에는 다른 것은 다 있어도 '나'라고 할 만한 알맹이는 없다.

'실체'라는 낱말은 산스크리트 '스바브하바svabhāva'의 번역어인데, 직역하면 '스스로(sva)-존재함(bhāva)'이다. 스스로 존재하니까, '다른 어떤 것으로부터도 영향을 받지 않는' '조건 지어지지 않는' '존재하기 위해서 어떤 것에도 의존하지 않는' '무조건적으로 홀로 있는' '영원불변한', 즉 고타마가 말하는 '나라고 할 만한' 것을 의미한다. 이 점을 확실히 하기 위해 고타마와 당신의 아들 라훌라와의 대화를 들어보자.

세존 라훌라여, 어떻게 생각하는가? 형색[색色]은 영원한가, 무상한가?

라훌라 세존이시여, 무상합니다.

세존 그렇다면 무상한 것은 괴로운 것인가, 즐거운 것인가?

라훌라 세존이시여, 괴로운 것입니다.

세존 그런데 무상하고 괴롭고 변화하는 것을, '이것은 나의 것이고, 이것은 나이고, 이것은 나의 자아이다'라고 여기는 것은 옳은 것인가?

라훌라 세존이시여, 옳지 않습니다.

세존 라훌라여, 어떻게 생각하는가? 느낌[수受]은 영원한가, 무상
      한가?

라훌라 세존이시여, 무상합니다.

세존 그렇다면 무상한 것은 괴로운 것인가, 즐거운 것인가?

라훌라 세존이시여, 괴로운 것입니다.

세존 그런데 무상하고 괴롭고 변화하는 것을 '이것은 나의 것이고,
      이것은 나이고, 이것은 나의 자아이다'라고 여기는 것은 옳은
      것인가?

라훌라 세존이시여, 옳지 않습니다.

세존 라훌라여, 어떻게 생각하는가? 인식[상想]은, 심리현상[행行]
      은, 의식[식識]은 영원한가, 무상한가?

라훌라 세존이시여, 무상합니다.

세존 그렇다면 무상한 것은 괴로운 것인가, 즐거운 것인가?

라훌라 세존이시여, 괴로운 것입니다.

세존 그런데 무상하고 괴롭고 변화하는 것을 '이것은 나의 것이고,
      이것은 나이고, 이것은 나의 자아이다'라고 여기는 것은 옳은
      것인가?

라훌라 세존이시여, 옳지 않습니다.

      [중략]

세존 라훌라여, 이와 같이 보아서 잘 배운 지혜로운 제자는 형색

에서도 싫어하여 떠나고, 느낌에서도 싫어하여 떠나고, 인
식·심리현상·의식에서도 싫어하여 떠난다. 싫어하여 떠나면
사라지고, 사라지면 해탈한다. '그가 해탈할 때 해탈되었다는
궁극의 앎이 생겨나 태어남은 부서졌고, 청정한 삶은 이루어
졌고, 해야 할 일은 다 해 마쳤으니, 더 이상 윤회 하지 않는
다'라고 분명히 안다.

《상윳따니까야》 제18장, 〈라홀라상윳따〉

또한《맛지마니까야》제147경, 〈라홀라를 교계한 짧은 경〉 주
석서에도, 라홀라 존자는 이와 같이 오온과 내외 육처와 18계
는 모두 무상하고 괴롭다는 사실에 대한 세존의 가르침을 듣고
아라한이 되었다고 기록되어 있다.

《테라가타》 4장 8품(295~298)에 나오는 라홀라 존자의 시구절
하나를 들어보자.

두 가지를 갖춘 까닭에 내 이름은 축복받은 라홀라,
붓다의 아들로 태어나 법 보는 눈을 얻었네!
번뇌 모두 씻어 다시는 태어나지 않으리.
삼명三明의 지혜로 불사不死를 보니 공양받을 만한 아라한이라.
쾌락에 눈멀고 갈망의 그물에 사로잡힌 사람들

마치 망태기에 든 물고기처럼 해태解怠란 이름의 친척들에 묶였네.
나 저 쾌락을 내려놓고 마라의 사슬을 벗었어라.
갈망의 뿌리 뽑아 불꽃 사그라지니 서늘하여라.

초기불전연구원의 설명에 따르면, 4부 경전에 오온에 대한 언
급이 6,700회 언급되어 있다고 한다. 그 가운데 오온에 관련하
여 주목할 만한 두 게송을 소개하면 다음과 같다.

> 비구들이여, 그대의 것이 아닌 것을 놓아버려라. 그것을 놓는
> 것이 그대로 하여금 이익과 행복을 오래도록 가져다줄 것이다.
> 그러면 그대의 것이 아닌 것이란 무엇인가? 형색[色], 느낌[受],
> 인식[想], 심리현상[行], 의식[識]이라는 것들이 그대의 것이 아
> 닌 것이며, 이것들을 그대는 놓아버려야 그대에게 이익과 행복
> 을 오래도록 가져다줄 것이다. (S22:32)

> 몸은 뼈와 힘줄로 엮여 있고 얇은 막과 살로 발라져, 피부로 가
> 려진 몸뚱이, 참모습 그대로 드러나지 않는다. 어리석은 자 그
> 것을 두고 '이것은 나다' '나의 것이다' '나의 자아이다', 또는
> '아름답다'고 생각하니 자신의 무지에 오도된 탓이거니.

《숫타니파타》제194 (필자 의역)

고타마가 너무나도 친절하고 인내심 있게 당신의 아들 라홀라에게 했던 말, 또한 그 외의 경전 도처에서도 반복했던 말을 들었다. 이제 인도 갑돌이의 퉁명스러운 말을 다시 한번 들어보자.

> • 보디사트바 아발로키테슈바라(즉 나, 인도 갑돌이)가 심오한 프라즈냐 파라미타의 실천에 임하고 있을 때, 다섯-스칸다 모두가 실체가 없고 비어 있다는 것을 꿰뚫어 보았다.

이것은 인도 갑돌이가 태어나기 900년 전쯤 살았던 고타마가 "반드시 그럴 것이니, 내가 가르친 이 프라즈냐 파라미타의 방법을 써서 직접 체험해보라"라고 했던 것을 인도 갑돌이가 900년 후에 스스로 체험했다는 말이다. 이제 인도 갑돌이는 자신의 삭까야 안에 '나'라는 것이 비어 있다는 것을 알았다. 이것은 인도 갑돌이 이전에도 아마 수천수만 명의 고타마 제자들이 다 확인했던 사실이다. 그는 자기 자신도 이것을 명상 안에서 통찰했다는 사실을 말해줄 따름이다.

끝으로, 아발로키테슈바라가 다섯-스칸다 모두가 비어 있다는 것을 꿰뚫어 봤다고 할 때, 바로 거기에서 근본적인 이슈를 하나 제기할 필요가 있다. 누가 누구의 '다섯-스칸다 모두가 비어 있다'는 것을 꿰뚫어 봤는가? 인도 갑돌이는 아발로키테슈바라가 다섯-스칸다가 비어 있다는 것을 꿰뚫어 봤다고 한다. 그렇다면, 이 비어 있는 다섯-스칸다가 아발로키테슈바라의 다섯-스칸다이든 다른 누구의 다섯-스칸다이든 간에, 이것은 한낱 '들은' 얘기밖에 안 된다.

고타마는 "내가 한 말을 듣고 믿지 말고, 네가 직접 실험하고 확인하라"라고 하였다. 그러므로 아발로키테슈바라가 꿰뚫어 본 것을 그대로 믿지 말고, '내'가 '자신의 다섯-스칸다'를 꿰뚫어 봐야 한다. '나'는 꿰뚫어 보는 자이며, '나의 다섯-스칸다'는 '나'에 의해서 꿰뚫어 보이는 대상이다. 다섯-스칸다를 '대상'으로서 꿰뚫어 보니까, 다섯-스칸다 모두가 무상하고 고통스럽다는 것이다.

고타마는 "고통스럽고 무상한 것은 '나'라고 할 만한 것이 아니다"라고 결론짓는다. 이 말은 역설적으로, '나'가 무엇이든 간에, '나'는 적어도 '무상하고 고통스러운 속성을 가지지 않은 무엇'이라는 의미가 된다. 다섯-스칸다는 불안정하고 무상하지만 '나'는 안정되고 불변이라는 것을 간접적으로 시사한다. 고타마는 다섯-스칸다를 말할 때 '판차 우파다아나칸다pañcaupādānakkhandhā', 즉 '붙잡는 다섯-스칸다(오취온五取蘊)'라고 항상 표현했다. 누가 이 다섯-스칸다를 붙잡는가? '나'가 이 다섯-스칸다를 '붙잡고', 다섯-스칸다가 '나'라는 미혹에 잠긴다는 것이다.

그러면 고타마는 왜 '나'가 붙잡는 다섯-스칸다라 하지 않고 그냥 '주어'가 없이 '붙잡는 다섯-스칸다'라고 했을까? 그 이유는 간단하다. 보통 고통에서 허덕이는 자는 삭까야가 '나'라고, 즉 다섯-스칸다를 붙잡고 그것을 '나'라고 믿고 있는 '무지'에 있다. 그런 사람이 '나'라고 할 때, '나'는 자기의 다섯-스칸다 그 자체이다. 그런 자는 '나=다섯-스칸다'가 '나=다섯-스칸다'는 '나=다섯-스칸다'가 아니라고 말하는 자체에 혼동을 일으킨다. 그래서 고타마는 '나'를 알기 위해서 '나'를 직접 찾지 말고 무엇이 '나'가 아닌가를 알아보라고 했다.

지금까지 우리는 다섯-스칸다를 '나'라고 알았는데, 꿰뚫어 보니까 다섯-스칸다가 모두 불안정하고 고통스럽고 무상하며, 또한 '나'가 아니라는 것을 알았다. 이것이 '무지에서부터의 깨어남'이다. 고타마의 수행은 다섯-스칸다에 달라붙어 그 안에 어떤 안정되고 항상한 '나'라고 할 만한 것이 있다고 알고 있는 착각에서 벗어나서, 다섯-스칸다를 꿰뚫어 보고 그것이 '나'가 아니라는 것을 알아차리는 것이 핵심이다.

바로 여기에 알아두어야 할 사실이 있다. 나는 '나'를 알 수 없다. 나는 '나' 아닌 것만 알 수 있다. 다시 전술한 《쿳다까니까야》의 〈우다나〉에서 고타마 붓다의 두 감흥어(8품 3, 8품 1)를 들어보자.

수행승들이여, 여기 태어나지도 않고 생겨나지도 않고 만들어
지지도 않고 조건 지어지지도 않는 세계가 있다. 수행승들이여,
태어나지도 않고 생겨나지도 않고 만들어지지도 않고 조건 지
어지지도 않는 것이 없다면, 태어나고 생겨나고 만들어지고 조
건 지어진 것으로부터의 도피가 불가능할 것이다. 그러나 수행
승들이여, 태어나지 않고 생겨나지 않고 만들어지지 않고 조건
지어지지 않는 것이 있으므로 태어나고 생겨나고 만들어지고
조건 지어진 것으로부터의 도피가 가능한 것이다.

(Monks, there is the unborn, unoriginated, unmade and unconditioned.
Were there not the unborn, unoriginated, unmade and unconditioned,
there would be no escape for the born, originated, made and
conditioned. Since there is the unborn, unoriginated, unmade and
unconditioned, there is an escape for the born, originated, made, and
conditioned. ······ This indeed is the end of suffering.)

〈우다나Udāna〉 8품 3. (아찬 붓다다사[5] 영역)

위의 시는 열반이라는 초월적 의미와 관련된 가르침을 설한 것
인데, 좀 더 직접적으로 열반의 세계에 대한 감흥을 노래한 다
음과 같은 시구詩句가 있다.

---

5   아찬 붓다다사Ajahn Buddhadasa(1906~1993). 타일랜드 스님.

수행승들이여, 여기 이러한 세계가 있다. 거기에는 땅도 없고, 물도 없고, 불도 없고, 바람도 없고, 무한 공간의 세계도 없고, 무한 의식의 세계도 없고, 아무것도 없는 세계도 없고, 인식하는 것도 아니고 인식하지 않는 것도 아닌 세계도 없고, 이 세상도 없고, 저 세상도 없고, 태양도 없고, 달도 없고, 별도 없다. 수행승들이여, 거기에는 오는 것도 없고, 가는 것도 없고, 머무는 것도 없고, 죽는 것도 없고, 생겨나는 것도 없다고 나는 말한다. 그것은 의처依處를 여의고, 전생轉生을 여의고, 대상對象을 여읜다. 이것이야말로 괴로움의 종식이다.

〈우다나〉 8품 1. (한국빠알리성전협회 전재성 역)

우리가 속해 있는 우주라는 곳은 현대 천문학에서 밝혀졌듯, 시간과 공간이라는 두 틀 속에 있고, 그 우주 안에 있는 모든 것은 시공간의 제약을 받게 되어 있다. 그러나 그런 우주와 병존하면서도 전혀 시간과 공간의 제약을 받지 않는 초월 세계가 있다는 것을 고타마 붓다는 명상 안에서 보았던 것이다. 여기서 유의할 것은, 시공간의 세계(우주)와 초월 세계가 따로따로 분리되어 있는 것이 아니라 똑같은 하나의 코스모스인데, 시간과 공간의 제약을 받는 측면과 전혀 시간과 공간의 제약을 받지 않는 초월적 측면이 병행·혼합되어 있다는 것이다.

이러한 내용은 현대 물리학의 몇몇 이론에서도 볼 수 있다. 예컨대 1980년대 프랑스 광학 그룹 소장 알랭 아스페Alain Aspet는 광자光子의 간접적 실험을 통해서 인류 역사상 처음으로 비시공간의 세계(초월 세계)를 받아들인 과학자이다.

그렇다면 시공간의 세계, 즉 조건 지어진 세계와 비시공간의 세계(초월 세계)의 관계는 어떻게 설명해야 하는가? 이러한 두 이론에 대해 10여 년간 이론물리학자들 간에 갑론을박이 첨예하게 대립하였지만, 아스페가 간접적 실험을 통해 제시한 비시공간의 세계를 부정할 수 있는 반증이나 근거는 제시하지 못했다.

그 이후 10여 년이 지난 1990년대, 미국의 오리건 주립대학의 현대 양자론 물리학자인 인도 출신 고스와미 박사Dr. Goswami가 기막힌 타협안을 제시했다. 그는 시공간과 비시공간의 영역이 따로 존재하는 것이 아니라 함께 공존하고 있지만 우리가 보지 못할 뿐이라는 이론을 발표하였고, 결국 아스페의 이론에 그 무게가 더 실리게 되었다(고스와미, The self-aware universe).

그뿐만 아니라 고스와미 박사는 양자 세계에서 관찰되는 'Non-Local 현상'과 슈뢰딩거⁶의 '파동방정식(파도공식)'은 초월 세계(비시공간의 세계)의 존재를 배제하고는 해석이 불가능하다고 단언했다. 즉 시공간의 제약을 받는 모든 형성된 것은 시간이 흘러가면서 반드시 해체된다는 것이며, 이 법칙을 현대 물

---

6   Schrödinger(1987~1961): 오스트리아의 이론 물리학자, 1933년 노벨 물리학상 수상

리학에서는 엔트로피 법칙Entropy Law[7] 또는 열역학 제2법칙이
라고도 한다. 바로 이러한 현상을 고타마 붓다는 '삽베 상카라
아닛짜Sabbe-saṅkhārā anicca'라 했고 중국 사람들은 '제행무상諸
行無常'이라고 번역했다.

이와 같은 이론은 앞에서 본 의상 스님의 〈법성게法性偈〉와
도 그 맥락을 같이하고 있다. '이사명연무분별 십불보현대인
경理事冥然無分別 十佛普賢大人境', 즉 "변함없는 초월 세계와 조건
지어진 시공간의 세계인 사변의 세계가 함께 어울려 공존하고
있지만, 이는 깨달은 이의 경지에서만 알 수 있으리라"라는 것
이 그것이다.

이처럼 고타마 붓다는 인간의 고통의 실상을 시공간의 우주
와 초월 세계와의 연관 속에서 규명하려고 시도했다. 그러기
위해서 고타마는 '삭까야'라는 강력한 개념을 도입했다. 앞 장
에서 언급했듯이, 나무도 개도 돼지도 소도 신부님도 목사님도
스님도 나도 삭까야이다. 그러나 고타마 붓다는 '삭까야는 내
가 아니다(삭까야 아나타sakkāya anatta)'라는 사실을 명상을 통해
서 깨달았다.

---

7   Entropy Law(엔트로피 법칙), 즉 제2 열역학 법칙은 19세기 후반에 형성된 과학이론이다.
엔트로피 법칙은 자연 현상계, 즉 시공간時空間속의 흐름을 말한다. 슈뢰딩거의 말처럼
시공간 안에서 생성된 모든 것은 시간이 흘러가면서 그 공간 안에서 반드시 변하고 소멸
되는 과정을 거친다는 과학 용어이다.

고타마 붓다의 '다르마(법法)'는 그의 명상적 증명을 통해서 전혀 다른 사실을 보게끔 해준다. 신앙의 견해와 정반대로, 삭까야는 철두철미하게 '나'가 아니고, 따라서 '영혼'이란 매개체는 필요 없을뿐더러 삭까야 안에 존재하지도 않는다는 사실이다. 이 사실을 고타마 붓다의 명상으로 아는 것을 '깨달음'이라고 한다. '영혼'에 입각한 신앙은 탐·진·치의 '치', 즉 '미혹'의 종교요 무지의 종교이지 '깨달음'의 종교가 아니다.

반면 고타마 붓다의 종교는 '깨달음'의 종교이다. 이 깨달음을 얻기 위해서는 고타마 붓다의 명상이 필수 불가결하다. 고타마 붓다의 제자, 즉 '불자佛子'라고 하는 말은 '고타마 붓다의 명상을 하고 있는 사람'과 동의어이다. 아무리 관세음보살의 명호를 부르고 부처님을 믿고 또 어떠한 불사를 하고 신심을 가졌다 하더라도, 고타마 붓다가 가르친 명상 이론을 모르고 명상 수행을 하지 않는다면, 그는 적어도 고타마 붓다의 진실한 제자와는 거리가 멀다.

우리는 여기서 '공空'에 관한 더 쉽고 명확한 정의를 다시 한번 반복해볼 필요가 있다. 공을 표현하는 우리말은 '비어 있음'이다. 그러나 공은 텅 비어 아무것도 없는 것이 아니라, '관계 속에 있는 것'이 있을 뿐 '독자적으로 존재하는 그 무엇'은 없다는 말이다. 이 절묘한 언어의 마술이 한글 속에 담겨 있다. 중국인들은 그 위대한 한문을 가졌으면서도 이 부분에 대해서는 다소 옹색한 표현을 한다. 그들은 '참다운 공은 진실한 있음이다[진공묘유眞空妙有]'라고 말한다. 이것은 공을 허무로 파악하는 일부 지식인들에 대한 경고이겠지만, 있느냐 없느냐의 이분법적 논리에 젖어온 지식인들로서는 또다시 알쏭달쏭해질 수밖에 없다.

여기에서 우리는《상윳따니까야》(S5:10)에 나오는 와지라 비구니와 마라의 대화를 또 한번 들어보자.

> 마라 　누가 중생을 창조하였는가? 중생을 창조한 자는 어디에 있는가? 중생은 어디에서 생겼는가? 중생은 어디에서 소멸하는가?
>
> 와지라 비구니 　왜 그대는 중생이라고 상상하는가? 마라여, 그대는 견해에 빠졌는가? 단지 형성된 것들의 더미일 뿐 중생이라고 할 만한 것을 찾을 수 없도다. 마치 부품들을 조립한 것이 있을 때 '마차馬車'라는 명칭이 있는 것처럼, 오온의 무더기들이 있을 때 중생이라는 인습적 표현이 있을 뿐이다. 단지 괴로움이 생겨나고 단지 괴로움이 머물고 없어질 뿐이니, 괴로움 외에 어떤 것도 생겨나지 않고 괴로움 외에 어떤 것도 소멸하지 않는다.

첫 번째
'여기에서는'

- 고귀한 보디사트바 아발로키테슈바라가 심오한 프라즈
  냐 파라미타의 실천에 임하고 있을 때, 다섯-스칸다들
  모두가 실체가 비어 있음을 꿰뚫어 보았다.
- 여기에서는, 오 사리푸트라!

여기서 우선 인도 갑돌이의 무례함을 지적해두고자 한다. 사리
푸트라Śāriputra는 고타마의 수제자 중의 수제자이고, 특히 고
타마가 개발하라고 한 프라즈냐에 제일 탁월했다고 정평이 난
'깨어난 사람'이다. 사리푸트라는 인도 갑돌이보다 900년 전에
벌써 프라즈냐 파라미타를 통해 다섯-스칸다가 빈 깡통이라는
것을, 즉 삭까야가 '내가 아니다'라는 것을 알고 완전히 깨어난
사람이다.

또한 그 당시에는 아발로키테슈바라 같은 '하늘-신(데바deva)'은 없었다. 인도 갑돌이가 아발로키테슈바라와 같은 하늘-신을 등장시켜 이 위대한 사리푸트라에게 그의 특기인 '프라즈냐'에 대해 '설교'하도록 하는 것은 대선배를 우습게 보는 것이다. 여하튼 이런 환상적 각본은 사리푸트라에 대한 예의가 아니다.

사리푸트라를 빼고 그 자리에 아직 프라즈냐 파라미타의 하급생인 우리를 집어넣는 것이 좋을 것 같다. 예컨대 아래와 같은 방식으로.

"여기에서는, 오 이 무지無知의 중생들이여!"

인도 갑돌이는 다섯-스칸다에는 안정되고 불변하는, 스스로-존재하는 '나'라고 할 만한 것은 전혀 없다는 것, 인식된 모든 것은 불안정하고 무상하고 비어 있다는 것을 꿰뚫어 보았다. 언제 어떻게 이 놀라운 실상을 꿰뚫어 보았는가? 그가 말하듯이, '프라즈냐 파라미타를 행할 때'이다. 이것은 '프라즈냐 파라미타'가 다섯-스칸다에 대한 지식을 축적해나가는 과정이라는 말이다. 고타마는 그의 제자들에게 이렇게 말했을 것이다!

"멋진 고타마여! 깨어나는 것은 갑작스럽게 됩니까, 점차적으로 됩니까?"

"갑작스럽게 깨어나는 것이란 없다. 점차적으로 깨어난다."

'다섯-스칸다 모두가 실체가 비어 있다'라는 말은, 반복해서 하는 이야기이지만, 철학적 명제도 아니고 지식인의 사상도 아니다. 다만 이것은 고타마가 개발한 프라즈냐 파라미타의 명상 방법으로 직접 실험하고 관찰한 사실의 기술이다. 다시 말하자면, 우주의 실상과 자연의 법칙에 대한 기술이다. 그러니까 이것은 철학적 사유 혹은 개념적 논리로서 증명하고 말고 할 것이 아니다. 이것이 맞는가, 안 맞는가는 오로지 나 스스로가 고타마의 프라즈냐 파라미타의 방법으로 직접 실험하고 관찰함으로써 그 진위를 확인하는 수밖에 없다.

여하튼 인도 갑돌이는, 그의 프라즈냐의 내용을 볼 때 최고의 단계까지 올라간 모양이다. 그러니까 인도 갑돌이가 '여기에서는' 할 때, 이 '여기'는 프라즈냐 파라미타의 최후 단계임이 틀림없다. "형색은 비어 있고 비어 있음이 바로 형색이다"라고 하는 것을 보면, 그는 틀림없이 고타마 명상의 프라즈냐 파라미타의 마지막 단계에 와 있다.

인도 갑돌이는 《반야심경》에서 '여기에서는'을 두 번 말하고 있다. 그렇다면 이 첫 번째 '여기에서는'은 프라즈냐 파라미타의 어느 단계를 의미할 것이다. 어느 단계일까?

인도 갑돌이가 무지의 중생들에게 "내가 프라즈냐의 절정에 달하여 명상 안에서 관찰하고 있을 때, 여기에서는 무엇을 꿰뚫어 보았는고 하니…"라고 말할 때, 몇몇 무지의 중생들은 반드시 물었을 것이다. "헤이 코치, 당신 지금 '여기에서는' 하는데, 이 '여기에서는'은 어디를 말하고 있는 거요? 제1쟈아나(초선初禪, paṭhamajjhāna), 제2쟈아나(제2선第二禪, dutiyajjhāna), 제3쟈아나(제3선第三禪, tatiyajjhāna), 제4쟈아나(제4선第四禪, catutthajjhāna), 어디야 어디?" "뭐라고? 아직 그것도 모르나? 내가 '여기에서는' 할 때, 이 '여기에서는'의 의미는 명상 중의 바로 '아까' 말한 그 단계를 말하고 있는 거야. 이제 알겠지?"

그러나 우리는 인도 갑돌이가 '아까' 무슨 말을 했는지 아무것도 알지 못한다. 거기에 관해 우리에게 전해진 것은 아무것도 없다. 우리는 이제 검찰 수사관처럼 여러 증거를 모아 이 '여기에서는'을 규명해나갈 수밖에 없다. 그러기 위해서는 고타마가 가르친 '올바른 명상'에 대해서 언급하면서 인도 갑돌이의 '여기에서는'을 수사할 수밖에 없다.

먼저 고타마의 올바른 명상에 대해서 알 필요가 있다. 고타마는 깨어나는 데 도움이 되는 '올바른 명상'과 깨어나는 데 도움이 안 되는 '그릇된 명상'을 여러 곳에서 경험했다. 고타마는 출가 후 위대한 스승 알라라 깔라마Āḷāra-Kālāma에게 사사하여 무색계無色界 의식 상태의 하나인 '아무것도 없음[무소유처無所有

處]'이라는 의식 상태에 들어가는 데 성공했다. 그러나 그 의식 상태에서는 깨닫지 못한다는 것을 알았다. 즉 그 상태에서는 고통에서 벗어날 수 있는 어떤 지식도 얻을 수 없었다. 고통에서 벗어나게 해주는 '네 가지 고귀한 진실'은 발견할 수 없었다.

실망한 그는 또 다른 유명한 스승 웃다까 라마뿟따Uddaka-Rāmaputta에게 배워, 더 높은 무색계 의식 상태의 하나인 '인식도-아니고-비인식도-아님[비상비비상처非想非非想處]'이라는 의식 상태에 들어가는 데 성공했으나, 거기에서도 '네 가지 고귀한 진실'과 같은, 고통에서 벗어날 수 있는 지식은 얻지 못했다.

실망한 그는 스승을 떠나 다섯 명의 유행자와 더불어 5년이 지나도록 철저한 금욕생활을 요하는 별의별 명상을 시도했으나, 고통에서 벗어날 수 있는 '네 가지 고귀한 진실'과 같은 지식은 얻지 못했다. 고타마는 그동안 깨어나는 데 전혀 도움이 되지 않는 '그릇된' 명상 생활을 하고 있었던 것이다.

고타마 명상에
관하여

고타마는 당시 위대한 스승으로 알려져 있었던 알라라 깔라마
와 웃다까 라마뿟따의 가르침은 깨어나는 데 전혀 도움이 되지
않는다고 판단했다. 그래서 그들과 결별하고 혹독한 고행을 선
택한다. 그 이후 고타마 나이 35세였던 출가 6년 만에 마침내
완전한 정각正覺, 즉 올바른 깨달음을 이루게 된다. 그가 붓다
가 된 후 악기베싸나와 나눈 대화를 한번 들어보자.

    "악기베싸나여! 나는 두 스승을 떠난 후 어느 날 문득 이런 생
    각이 떠올랐다. 내가 태자 시절, 나의 아버지 석가족의 왕이 농
    경제 행사를 하던 더운 날에, 나는 장미사과나무의 서늘한 그
    늘에 자리하고 앉아 있었다."
    그때 태자는 자신이 홀로 있는 것을 알고 순간적으로 가부좌

를 하고 들숨 날숨에 마음챙김을 했을 때 첫 번째 선정이 일어났다. 그때 감각적 쾌락에 대한 욕망을 여의고 악하고 불건전한 상태를 떠나서 사유와 숙고를 갖추고 멀리 여읨에서 생겨나는 희열과 행복으로 가득했다. '이것이 깨달음에 이르는 길일까?'라는 생각이 일어나자, 바로 '이 길이 깨달음에 이르는 길이다'라고 마음챙김에 대한 의식이 생겨났다.

이렇게 해서 고타마는 그때의 기억을 되살려 올바른 식생활을 통해 태자 시절의 강인한 무사의 몸을 되찾고, 그 몸으로 35살의 젊은 고타마는 보드가야의 보리수나무 밑에서 최근에 터득한 '올바른 명상'에 들어갔다. 그는 자정부터 먼동이 트는 아침까지 장장 6시간 동안 깊은 명상에 잠겨 있었다. 그 명상에서 마침내 고통에서 벗어나는 '지식(프라즈냐)'을 '통찰(프라즈냐)'로 얻었다. 프라즈냐 파라미타를 완성했다. 그 완성된 지식을 그는 후에 '네 가지 고귀한 진실'이라고 명명했다. 이 기막힌 멋진 진실을 그냥 '이것', 즉 '다르마dharma(법法, 담마dhamma)'라고 불렀다. 그러므로 올바른 명상은 이런 지식을 통찰하게 하는 명상이다.

《맛지마니까야》 제36장,
〈삿짜까에 대한 긴 경〉의 대의를 축약해서 인용함)

고타마 명상은 '고귀한 여덟 겹의 길[팔정도八正道]' 중에서 '올바른 노력[정정진正精進, sammāvāyāma]' '올바른 깨닫기 또는 마음 챙김[정념正念, sammāsati]' '올바른 집중[정정正定, sammāsamādhi]'의 셋으로 구성되어 있다. '깨닫기[염念, sati]'는 고타마 명상의 핵심 내용이고, '집중[정定, samādhi]'은 그 형식이며, '노력[정진精進, vāyāma]'은 그것의 지탱을 말한다. 정진은 노력하는 역할을 하고, 깨닫기 혹은 마음챙김은 대상을 철저하게 거머쥐고 대상에 깊이 들어가는 역할을 한다. 이때 삼매는 그 둘의 도움을 받아 마음을 한 대상에 고요히 모을 수 있다. 상세한 것은 직접 코치를 받으면 알겠지만, 여기서는 그 내용을 간략하게만 적는다.

고타마 명상은 '수평적' 면과 '수직적' 면이 있다. 다섯-스칸다를 하나하나 들여다보는 것은 수평적이라 할 수 있다. 〈마하사띠파타나경〉과 〈아나빠나사띠경〉에서 고타마는 깨닫기의 올바른 대상에 대해서 상세하게 얘기하고 있다. 고타마는 거기에서 삭까야의 무엇을 깨달아야 되는가를 상세하게 말하고 있다. 즉 '바르게 깨닫는다'라고 할 때, 이 '바르게'라는 의미는 깨닫기의 대상이 다섯-스칸다에 있는 어떤 상카라이어야 하고, 또 그것이 '일어나고 사라지는' 동태적 현상을 깨닫는다는 것이다. 다섯-스칸다가 아닌 다른 대상을 깨닫고 있다든지, 또 그것의 '일어나고 사라짐'을 모르고 있다든지 하는 것은 '바르게 깨닫는 것'이 아니다.

집중(samādhi)을 한다는 것은 하나의 대상에 의식을 모으는 것으로, '바르게 집중한다'라는 것은 깨닫기(sati)를 여기저기 분산시키지 않고 지금 선택한 하나의 대상에만 집중한다는 것이다. '바르게 노력한다'라는 것은 그냥 열심히 한다는 것이 아니라, 집중된 깨닫기가 가라앉을 때 집중된 깨닫기를 다시 일으키고 지속시킨다는 것이다. 사마디란 이 삼인조, 즉 올바른 노력[正精進], 올바른 깨닫기[正念], 올바른 집중[正定]의 훈련을 직접 하면서 점점 더 완전해져간다는 의미이다. 이와 관련하여 아나빠나사띠ānāpānassati(입출식념入出息念)에 관한 상세한 설명이《청정도론(Visuddhimagga)》(VIII.154)에 나타난다.

> "여기 마치 송아지 길들이는 사람이 기둥에다 묶는 것처럼, 자신의 마음을 마음챙김의 대상에 굳건히 묶어야 한다."

한편 '수직적'이란 것은 더 강하고 집중된 깨닫기로 지금 보이는 불안정하고 무상한 현상 뒤에 혹시나 안정되고 불변하는, 스스로-존재하는 '나'라고 할 만한 실체, 알맹이가 있는지 더 깊이 파고 들어가는 것이다. 들어가면 들어갈수록 여태까지 안 보였던 것이 보이는데, 그 단계를 고타마는 '쟈아나jhāna(선禪)'라고 부르고, 구체적으로 제1쟈아나, 제2쟈아나, 제3쟈아나, 제4쟈아나로 구분하였다. 그리고 그 너머의 더 깊은 단계들은 '경지' 또는 '선처'라고도 불렀다. 제1쟈아나부터 제4쟈아나까지의 집중된 깨닫기의 세계를 '루파로카rūpa-loka(색계色界)'라고 명명했고, 그 너머의 다음 경지들은 '아루파로카arūpa-loka(무색계無色界)'에 속하는 것으로 분류했다. 그리고 우리가 살고 있는 세계는 색계 이전의 '까마로카kāmaloka(욕계欲界)'에 속한다.

그런데 욕계로부터 색계, 무색계의 경지들로 더 깊이 파고 들어가는 데는 어떠한 전략이 필요하다. 막연히 "더 깊은 데로 파고 들어가 보라" 하면 "어떻게?"라는 질문에 부딪힌다. 고타마는 이 문제를 전략적으로 기막히게 멋지게 해결했다.

신체적 · 언어적 · 정신적 활동

이미 언급했듯이, 고타마는 삭까야를 '만들고 만들어지는' 역동적인 것으로 보고, 그 현상을 '상카라sańkhārā'라는 초월 언어[paramaṭṭha]로 명명하였다. 그는 그 상카라를 다섯-스칸다로 나누었다. 따라서 상카라는 '활동'이라는 측면으로 분류할 수 있다. 담마딘나는 그녀의 전남편 비싸카와의 대화에서 '활동(상카라)'이라는 의미를 이렇게 말하고 있다.

> 비싸카   존귀한 여인이여! 벗이여, 활동(상카라)에는 몇 가지가 있소?
>
> 담마딘나   비싸카여, 세 가지 활동(상카라)이 있다. 신체적 활동[신행 身行, kāyasańkhārā], 언어적 활동[구행 口行, vacīsańkhārā], 그리고 정신적 활동[의행 意行, manosańkhārā]이다.
>
> 비싸카   존귀한 여인이여! 이 신체적 활동 · 언어적 활동 · 정신적 활동

이란 뭐요?

담마딘나　들숨과 날숨은 신체적 활동이고, 사유(vitakka)하고 숙고(vicāra)하는 것은 언어적 활동이고, 인식하고 느끼는 것은 정신적 활동이다.

비싸카　존귀한 여인이여! 어째서 들숨 날숨은 신체적 활동이고, 사유와 숙고는 언어적 활동이며, 인식하고 느끼는 것은 정신적 활동이라 하는 거요?

담마딘나　벗이여, 비싸카여! 들숨 날숨은 신체에 의존하고 있다. 그렇기 때문에 들숨 날숨은 신체적 활동이라 하는 것이며, 사유하고 숙고한 뒤에 말이, 언어가 입으로 나오는 것이다. 그렇기 때문에 사유와 숙고는 언어적 활동이라 한다. 또 인식과 느낌은 마노에 의존해서 일어난다. 그렇기 때문에 인식과 느낌은 정신적 활동이라 한다.

《맛지마니까야》 제44장, 〈교리문답의 작은 경〉 중에서 발췌)

여기에서 상카라(行)에 대한 의미는 복수로 나타나는데, 좀 더 구체적으로 설명하면 크게 네 가지 정도로 요약할 수 있다.

첫째, '제행무상諸行無常'에서의 '행'은 열반을 제외한 형성된 모든 것들, 즉 유위법有爲法을 의미하고,

둘째, 오온의 네 번째 '행'은 심리현상들을 나타내는 아비담마의 52가지 마음부수들 중 느낌[수受]과 인식[상想]을 제외한

나머지 50가지 마음부수를 의미한다.

셋째, 12연기의 두 번째 각지인 '행'은 무명연행無明緣行으로 나타나는 의도적 행위들로, 이 경우의 행은 '업業'과 동의어이다.

넷째, 몸과 말과 마음으로 짓는 세 가지 행위인 신행身行, 구행口行, 의행意行으로 나타날 때의 '행'은 12연기의 '행'처럼 의도적 행위, 즉 업 형성을, 또는 문맥에 따라서는 단순한 작용을 뜻하기도 한다. (S41:6)

고타마는 이렇게 상카라를 언어적·신체적·정신적 활동으로 삼분했다. 고타마가 '나'라고 할 만한 알맹이, 즉 실체를 찾기 위해서 상카라를 다섯-스칸다로 나누어 하나하나 들여다보면서 "여기에는 실체가 없다"라고 그 알맹이 없는 스칸다를 제거해버리고, 그다음 스칸다를 들여다보고 또 그것을 제거해버리면서 나아가는 절차는 이미 언급했다. 그런데 "이보다 더 깊은 곳에 '나'라고 할 만한 무엇이 혹시나 있을까?"라고 탐구하기 위해서, 고타마는 스칸다의 제거 방법에 세 가지 활동의 제거 방법을 복합했다. 그 상세한 내용은 이렇다.

〈제1단계〉 언어·신체·정신의 세 활동이 전부 가동하는 상태에서 다섯-스칸다의 비어 있음을 확인함.
〈제2단계〉 언어 활동을 제거하고 신체·정신 활동의 두 활동만 가동하는 상태에서 다섯-스칸다의 비어 있음을 확인함.

〈제3단계〉 언어·신체 두 활동을 제거하고 정신 활동 하나만 가동하는 상태에서 다섯-스칸다가 비어 있음을 확인함.

〈제4단계〉 언어·신체·정신 활동 모두가 제거된 상태[상수멸진정想受滅盡定]에서 다섯-스칸다가 비어 있음을 확인함.

• 제1단계: 언어·신체·정신 활동을 갖춘 삭까야

제1쟈아나(초선初禪, paṭhamajjhāna)가 시작되기 이전에 '전前 쟈아나'라는 것이 있다. 여기서는 육체의 숨쉬기는 물론, 동작·자세에서 오는 모든 신체 감각, 그리고 그 밖에 눈·귀·코·혀 등의 다섯 감각 기관에서 오는 모든 감각을 집중적으로 깨닫는다. '전 쟈아나'의 주된 목적은 '마음챙김(sati)'과 '집중(samādhi)'의 개발이다. 이것을 통해 스칸다의 '비어 있음', 즉 무상無常함을 통찰로 알게 된다. 그리고 다섯 감각 기관에서 오는 감각적 쾌락으로부터 초연해진다.

이 초연함이 완성되었을 때, 이제 여섯 번째 감각 기관인 마노mano-감각 기관[의意]에서 오는 감각을 집중적으로 깨닫는 연습을 하고 그것들의 '비어 있음'을 통찰한다. 그 첫 번째 본격적인 단계가 제1쟈아나이다. 마노가 감각하는 대상은 광범 위하다. 마노의 대상은 보통 우리가 알고 있는 언어적인 생각들, 영상, 아이디어, 환상, 환청, 느낌 등 다양하다. 여기에 대해서는 차후에 다시 언급할 것이다.

제1쟈아나는 '심사희락정尋伺喜樂定', 즉 일으킨 생각과 지속적인 고찰, 희열과 행복, 심일경이라는 5각지가 동반된 의식 상태를 말한다. 전前 쟈아나와 제1쟈아나의 내용은 저 유명한 《아나빠나-사띠(들숨 날숨 깨닫기)》(M118)와 《마하사티파타나('깨닫기의 응용' 혹은 '네 가지 마음 챙기는 공부')》(D22) 경에 상세하게 설명되어 있다. 특히 후자의 경전에서는 신身, 수受, 심心, 법法이라는 깨닫기의 대상을 44가지 또는 21가지로 분리해서 설명한다. 여기서 명상가는 다섯 감각 기관의 몸[身], 느낌[受], 마음[心], 인식의 대상[法(想, 行)]이라는 것들을 번갈아 집중된 깨닫기로 조명하면서 그것들의 무상함과 불안정함을 알게 된다. 즉 다섯-스칸다가 '비어 있음'이고, '비어 있음'이 바로 다섯-스칸다라는 것을 알게 된다.

제1단계에서는 세 가지의 활동, 즉 언어 활동·신체 활동·정신 활동이 아직 다 작동하는 상태에서 다섯-스칸다가 비어 있다는 것을 통찰한다.

• 제2단계: 신체·정신 활동을 갖춘 삭까야

제2쟈아나(제2선第二禪, dutiyajjhāna)에서 집중(samādhi)은 더 강해
진다. '비타르카vitarka'와 '비차라vicāra'로 불리는 사유와 숙고,
즉 일으킨 생각과 지속적 고찰이 없어져버린다. 삭까야에게서
일어나는, 상카라의 모든 언어적 활동은 이제 없어졌다. 마노
는 이제 언어적인 생각들을 떠나서, 오로지 별의별 빛이나 거
기서 오는 느낌, 영상들을 감각한다. 그리고 제2쟈아나에서는
질적으로 다른 '희열(피티pīti')과 '행복(숙카sukha)'이 일어나는데,
이것은 더 강해진 집중에서 일어난다고 고타마는 말한다.

제2쟈아나에서는 이제 언어적 활동[구행口行]이 멈추었다. 신
체적 활동과, 영상들을 감각하는 정신적(mano) 활동만 남아 있
다. 이 상태에서 다섯-스칸다가 여전히 비어 있다는 것을 통찰
한다. 그리고 불안정하고 변화무상한 다섯-스칸다의 상카라가
펼쳐나가는 무대의 피티(희열)와 숙카(행복)는 그대로 있다. 여
기 피티와 숙카는 고도의 집중에서 온다고 고타마는 말한다.

언어 활동이 없는 삭까야는 어떤 삭까야와 같을까? 아마도
영리한 고등동물과 비슷하지 않을까? 돌고래, 개, 말, 고릴라,
침팬지, 독수리 등등과 같을까? 그렇지 않다. 제2쟈아나에 있
는 인간 삭까야는 이런 고등동물들과는 달리 고도의 집중된 깨
닫기와 통찰력, 즉 '프라즈냐'를 지닌다.

세 가지 활동 중의 첫 번째 활동인 언어적 활동이 멈추었다는 것은 지혜의 완성, 즉 프라즈냐 파라미타 과정에서 하나의 획기적 사건이다. 뒷장에서 다시 설명하겠지만 제2쟈아나에서 언어가 멈출 때 비로소 마음의 문이 열린다.

이것이 선종에서 말하는 언어도단言語道斷이다. 지금 우리는 이 말을 '말도 안 된다'라는 뜻으로 쓰고 있다. 이렇게 불교의 전문용어가 잘못 쓰이는 경우가 허다하다. 또 '헛된 노력'이라는 뜻으로 '공염불空念佛'을 말한다. 그러나 염불 수행의 궁극은 지금까지 말해온 '비어 있음'을 마음챙김으로 통찰하는 것이다. 그뿐만 아니라 '염불念佛'의 뜻도 '부처님을 생각한다' 또는 '부처님의 명호를 부른다'는 극히 사전적 의미로 이해하고 있지만, '염念'은 팔정도八正道의 일곱 번째 각지인 '사띠sati'에 해당한다. 중국 불교권에서 '염念'이라고 번역한 이 사띠의 개발을 통해 부처님은 깊은 통찰지를 증득한 후 여래, 아라한, 정등각을 이루었다. 이것이 염불念佛이다.

중국불교 수행의 축이 되는 지止·관觀 수행법은 사마타samatha와 위빠사나vipassanā를 원어로 한다. 부처님 경전 도처에서는 사띠가 있을 때 바른 사마타와 위빠사나가 있게 된다고 언급하고 있다. 사띠는 이렇게 불교 경전의 핵심 열쇠가 되는 낱말이다. 초기불교에서 사마타는 마음을 하나의 대상에 집중하는 '삼매三昧' 수행을 말하고, 위빠사나는 인식의 대상, 즉 법이 일어나고 사라지는 것을 해체해서 보는 '관법觀法' 수행을 말한다. 이 심오한 의미를 잘못 이해해서는 안 된다.

중국 선종 제3조 승찬僧璨 스님의 《신심명信心銘》에는 '호리유차천지현격毫釐有差天地懸隔'이라는 말씀이 있다. '털끝만큼의 차이가 결국 하늘과 땅만큼 벌어진다'라는 말이다.

다시 본론으로 돌아가자. 인도 갑돌이가 '이하 iha', 즉 '여기에서는'이라고 탄성을 지를 때, 첫 번째 '여기에서는'이란 바로 제2쟈아나를 말한다. 현장이 번역한 《반야심경》에는 '이하', 즉 '여기에서는'이 빠져 있다.

다르지 않다

- 여기에서는, 오 사리푸트라!
- 형색은 비어 있고 비어 있음이 바로 형색이며, 또 형색이 비어 있음과 다르지 않고 비어 있음도 형색과 다르지 않다.
- 무엇이든 형색이라면 그것은 비어 있음이고, 무엇이든 비어 있음이라면 그것은 형색이다. 느낌, 인식, 상카라, 의식도 다 이와 같다.

인도 갑돌이는 앞에서 다섯-스칸다가 모두 비어 있다고 했다. 여기서는 다만 다섯-스칸다가 비어 있다는 사실을 확인하는 작업의 이행절차를 말하고 있다. 고타마가 말한 순서대로, 먼저 형색-스칸다(색온)를 들여다보고 그것이 비어 있다는 것을 확인하고, 그다음 느낌-스칸다(수온), 그다음 인식-스칸다(상온), 그다음 상카라-스칸다(행온), 그다음 마지막으로 의식-스칸다(식온)를 하나하나 들여다보면서 그 모두가 다 비어 있다는 것을 차례로 확인했다고 말하고 있을 뿐이다. 이 절차는 고타마가 가르친 전통이다.

고타마는 그동안 연마한 레이저 빔같이 강력한 집중(samādhi)의 프라즈냐를 통해 형색-스칸다 안에 '나'라고 할 만한 안정되고 불변하는 실체가 있는지 통찰했다. 그러나 이 형색-스칸다의 모든 상카라는 불안정하고 무상한 것뿐이었다. '나'라고 할 만한, 스스로-존재하는 안정되고 불변하는 것은 형색-스칸다 어느 곳에도 찾을 수 없었다.

다음 순서로 그는 깨닫기의 조명을 느낌-스칸다에 비추었다. 프라즈냐의 통찰 결과는 마찬가지였다. 인식-스칸다, 상카라-스칸다, 의식-스칸다도 마찬가지였다. 이 연구 태스크 절차는 고타마가 창안한 전통이다. 고타마가 프라즈냐 파라미나를 완성해가는 일련의 절차는 그의 제자 악기베싸나와의 대화에서 극적으로 나타나 있다.

⟨15⟩

세존   악기베싸나여, 그대는 어떻게 생각합니까? 그대는 '형색(물질)
       은 나의 자아이다'라고 말을 합니다. 그대에게 그 물질에 관

하여 '나의 물질은 이렇게 되어야지 이렇게 되어서는 안 된다'
라고 권한을 행사할 수 있습니까?

쌋짜까　존자 고따마여, 그렇지 않습니다.

세존　악기베싸나여, 잘 숙고하여 보십시오. 악기베싸나여, 잘 숙고
하여 답변하십시오. 그대의 말은 앞은 뒤와 일치 하지 않고
뒤는 앞과 일치하지 않습니다.

〈16~18〉

세존　악기베싸나여, 그대는 어떻게 생각합니까? 그대는 '느낌은,
인식은, 형성은, 나의 자아이다'라고 말을 합니다. 그대에게
그 느낌에 관하여 '나의 느낌은 이렇게 되어야지 이렇게 되어
서는 안 된다'라고 권한을 행사할 수 있습니까?

쌋짜까　존자 고따마여, 그렇지 않습니다.

세존　악기베싸나여, 잘 숙고하여 보십시오. 악기베싸나여, 잘 숙고
하여 답변하십시오. 그대의 말은 앞은 뒤와 일치 하지 않고
뒤는 앞과 일치하지 않습니다.

〈19〉

세존　악기베싸나여, 그대는 어떻게 생각합니까? 그대는 '의식은 나
의 자아이다'라고 말을 합니다. 그대에게 그 의식에 관하여
'나의 의식은 이렇게 되어야지 이렇게 되어서는 안 된다'라고
권한을 행사할 수 있습니까?

쌋짜까　존자 고따마여, 그렇지 않습니다.

세존 　악기베싸나여, 잘 숙고하여 보십시오. 악기베싸나여, 잘 숙고
　　　하여 답변하십시오. 그대의 말은 앞은 뒤와 일치 하지 않고
　　　뒤는 앞과 일치하지 않습니다.

〈20〉

세존 　악기베싸나여, 그대는 어떻게 생각합니까? 형색은 영원합니
　　　까, 무상합니까?

쌋짜까 　세존이시여, 무상합니다.

세존 　그러면 무상한 것은 괴로운 것입니까, 즐거운 것입니까?

쌋짜까 　세존이시여, 괴로운 것입니다.

세존 　무상하고 괴롭고 변화하는 법을 '이것은 나의 것이고, 이것이
　　　야말로 나이며, 이것은 나의 자아이다'라고 하는 것은 옳은
　　　것입니까?

쌋짜까 　세존이시여, 그렇지 않습니다.

〈21~23〉

세존 　악기베싸나여, 그대는 어떻게 생각합니까? 느낌은, 인식은,
　　　형성은, 영원합니까, 무상합니까?

쌋짜까 　세존이시여, 무상합니다.

세존 　그러면 무상한 것은 괴로운 것입니까, 즐거운 것입니까?

쌋짜까 　세존이시여, 괴로운 것입니다.

세존 　무상하고 괴롭고 변화하는 법을 '이것은 나의 것이고, 이것이
　　　야말로 나이며, 이것은 나의 자아이다'라고 하는 것은 옳은

것입니까?

싯짜까   세존이시여, 그렇지 않습니다.

〈24〉

세존   악기베싸나여, 그대는 어떻게 생각합니까? 의식은 영원합니까, 무상합니까?

싯짜까   세존이시여, 무상합니다.

세존   그러면 무상한 것은 괴로운 것입니까, 즐거운 것입니까?

싯짜까   세존이시여, 괴로운 것입니다.

세존   무상하고 괴롭고 변화하는 법을 '이것은 나의 것이고, 이것이야말로 나이며, 이것은 나의 자아이다'라고 하는 것은 옳은 것입니까?

싯짜까   세존이시여, 그렇지 않습니다.

〈25〉

세존   악기베싸나여, 그대는 어떻게 생각합니까? 괴로운 것에 집착하고 괴로운 것에 의존하고 괴로운 것에 탐착하여 '이것은 나의 것이고, 이것이야말로 나이며, 이것은 나의 자아이다'라고 보는 자는 스스로 괴로운 것에 대하여 두루 알고 괴로운 것을 부수어버리고 지내는 것입니까?

싯짜까   존자 고따마여, 어찌 그럴 수 있습니까? 존자 고따마여, 그것은 그렇지 않습니다.

〈26〉

세존　악기베싸나여, 그대는 어떻게 생각합니까? 그렇다면 그대는 괴로운 것에 집착하지 않고 괴로운 것에 의존하지 않고 괴로운 것에 탐착하지 않아, 괴로운 것을 '이것은 나의 것이고, 이것이야말로 나이며, 이것은 나의 자아이다'라고 여기지 않습니까?

싻짜까　존자 고따마여, 어찌 그렇지 않을 수 있습니까? 존자 고따마여, 그렇습니다.

〈32〉

세존　악기베싸나여, 이 세상에서 나의 제자는 어떠한 형색이든 과거에 속하든 미래에 속하든 현재에 속하든, 안에 있건 밖에 있건, 거칠건 미세하건, 저열하건 탁월하건, 멀리 있건 가까이 있건, 그 모든 물질은 이와 같이 '이것은 나의 것이 아니고, 이것이야말로 내가 아니고, 이것은 나의 자아가 아니다'라고 올바른 지혜로써 관찰합니다.

〈33~35〉

또한 어떠한 느낌이든, 인식이든, 형성이든, 과거에 속하든 미래에 속하든 현재에 속하든, 안에 있건 밖에 있건, 거칠건 미세하건, 저열하건 탁월하건, 멀리 있건 가까이 있건, 그 모든 느낌은 이와 같이 '이것은 나의 것이 아니고, 이것이야말로 내가 아니고, 이것은 나의 자아가 아니다'라고 올바른 지혜로써 관찰합니다.

〈36〉

또한 어떠한 의식이든, 과거에 속하든 미래에 속하든 현재에 속하든, 안에 있건 밖에 있건, 거칠건 미세하건, 저열하건 탁월하건, 멀리 있건 가까이 있건, 그 모든 의식은 이와 같이 '이것은 나의 것이 아니고, 이것이야말로 내가 아니고, 이것은 나의 자아가 아니다'라고 올바른 지혜로써 관찰합니다. 악기베싸나여, 나의 제자는 이와 같이 가르침을 전하고, 훈계를 받아들이고, 의심을 끊고, 혼란을 제거하고, 두려움 없음을 성취하고, 다른 사람을 의존하지 않고 스승의 가르침에 의존합니다.

〈37〉

쌋짜까 존자 고따마여, 수행승은 어떻게 번뇌를 부수고, 수행이 원만하고, 할 일을 해 마치고, 짐을 내려놓고, 이상을 실현하고, 존재의 속박을 끊고, 바르고 원만한 지혜로 해탈한 거룩한 이가 됩니까?

〈38〉

세존 악기베싸나여, 이 세상에서 수행승은 어떠한 형색이든, 과거에 속하든 미래에 속하든 현재에 속하든, 안에 있건 밖에 있건, 거칠건 미세하건, 저열하건 탁월하건, 멀리 있건 가까이 있건, 그 모든 형색은 이와 같이 '이것은 나의 것이 아니고, 이것이야말로 내가 아니고, 이것은 나의 자아가 아니다'라고 올바른 지혜로써 관찰함으로써 집착 없이 해탈합니다.

〈39~41〉

또한 어떠한 느낌이든, 인식이든, 형성이든, 과거에 속하든 미래에 속하든 현재에 속하든, 안에 있건 밖에 있건, 거칠건 미세하건, 저열하건 탁월하건, 멀리 있건 가까이 있건, 그 모든 느낌은 이와 같이 '이것은 나의 것이 아니고, 이것이야말로 내가 아니고, 이것은 나의 자아가 아니다'라고 올바른 지혜로써 관찰함으로써 집착 없이 해탈합니다.

〈42〉

또한 어떠한 의식이든, 과거에 속하든 미래에 속하든 현재에 속하든, 안에 있건 밖에 있건, 거칠건 미세하건, 저열하건 탁월하건, 멀리 있건 가까이 있건, 그 모든 의식은 이와 같이 '이것은 나의 것이 아니고, 이것이야말로 내가 아니고, 이것은 나의 자아가 아니다'라고 올바른 지혜로써 관찰함으로써 집착 없이 해탈합니다.

〈43〉

악기베싸나여, 수행승은 이와 같이 번뇌를 부수고, 수행이 원만하고, 할 일을 해 마치고, 짐을 내려놓고, 이상을 실현하고, 존재의 속박을 끊고, 바르고 원만한 지혜로 해탈한 거룩한 이가 됩니다.

악기베싸나여, 이렇게 해탈한 수행승은 세 가지 위 없음, 즉 위 없는 견해, 위 없는 길, 위 없는 해탈을 성취합니다. 악기베싸나여, 이와 같이 해탈한 수행승은 '세존께서는 깨달음을 위하여 가르침을 설한다. 수행을 이루신 세존께서는 수행을 위하여 가르침을 설한다. 적멸에 든 세존께서는 멈춤을 위하여 가르침을 설한다. 건너간 세존께서는 건너감을 위하여 가르침을 설한다. 완전히 열반에 든 세존께서는 열반을 위하여 가르침을 설한다'라고 여래를 존경하고, 존중하고, 공경합니다.

〈쌋짜까에 대한 작은 경〉(M35. 15~43) (전재성 역)

이와 같이 고타마 붓다의 제자들은 프라즈냐 파라미타로써 형색의 실상을 꿰뚫어 통찰하고, '이것은 내 것이 아니다, 이것은 내가 아니다, 이것은 나 자신이 아니다'라는 것을 알고 있다. 느낌, 인식, 형성(심리현상), 의식의 경우도 이와 마찬가지이다. 이 정도까지 프라즈냐로 얻은 지식을 통해 파라미타를 완성해 나가는 제자라면, 그는 비로소 '나의 가르침을 이행하는 자요, 나의 격려를 받는 자요, 모든 의심을 제거한 자요, 혼돈이 없어진 자요, 스승의 가르침대로 수행하는 자요, 확신을 갖게 되고 이제 남에게 의지하지 않는 자'가 되는 것이다.

부록에서 다시 논하겠지만, 고타마는 프라즈냐 파라미타가 이 정도까지 완성된 다르마 수행자를 '소타파나sotāpanna(입류 入流, 수다원)', 즉 '가람 타기'라 하고, 이런 수행자는 늦어도 일곱 생 이내에 반드시 완전히 깨어난다고 말한다. 《대념처경》주석서)

인도 갑돌이는 스승의 말을 잘 듣는 좋은 제자였다. 그는 절차에 따라 상세하게 설명하면서, 다섯-스칸다 모두에는 '스스로-존재하는', 안정되고 불변하는 '나'라고 할 만한 알맹이가 없다는 것을, 즉 비어 있다는 것을 고타마가 얘기한 대로 이해시켰다. 인도 갑돌이는 "누구나 고타마가 말하는 대로 프라즈냐 파라미타 하면, 그렇게 알고 그렇게 볼 것이다"라고 말한다.

그런데 그는 각 '스칸다'가 비어 있다고 할 때마다, 비어 있음은 곧 그 해당되는 스칸다라고 말하고, 또한 '비어 있음'과 각 스칸다는 서로 다르지 않다고 역설하고 있다. "형색-스칸다는 비어 있고, 비어 있음은 바로 형색-스칸다이다. 형색-스칸다는 비어 있음과 다르지 않고, 비어 있음은 형색과 다르지 않다. 느낌-스칸다는 비어 있고, 비어 있음은 바로 느낌 스칸다이다.…" 운운. 이것을 도식화하면 다음과 같다.

(가) 다섯 – 스칸다 ⟶ 비어 있음

(나) 비어 있음 ⟶ 다섯 – 스칸다

(다) 다섯 – 스칸다 ⇌ 비어 있음

도표 2. 다섯 – 스칸다와 비어 있음

이 도식에서 화살표는 어떤 것이 어떤 것을 의미한다는 뜻이다. 여기에 관해서는 고대로부터 머리 아픈 별의별 주석들이 많았고, 앞으로도 많은 박사·석사 논문들이 나올 것이다.

위의 도식 '㈎ 다섯-스칸다 → 비어 있음'을 보자. 이것은 다섯-스칸다에는 언어 활동이 멈추어도 언어 활동이 있을 때와 마찬가지로 어떠한 '스스로-존재하는', 안정되고 불변하는 그런 '나'라고 할 만한 실체가 '없다'라는 뜻이다. 다시 말해서, 다섯-스칸다는 언어 활동이 멈춘 상태에서도 '실체가 비어 있다'라는 의미이다.

다음, 위의 도식 '㈏ 비어 있음 → 다섯-스칸다'를 보자. 그런데, 다섯-스칸다가 '비어 있다'고 할 때, 그러면 다섯-스칸다는 아무것도 없이 텅 비어 있다는 것인가? 앞서 말한 대로 천만에! 첫째로, 다섯-스칸다 그 자체가 있다. 다섯-스칸다는 끊임없이 '만들고, 만들어지고 …' 하는 상카라의 덩어리이다. '형색·느낌·인식·형성·의식'이 상카라의 소용돌이이다. 그뿐인가, 통상 내가 알고 있는 이 우주 세계 전부가 이 상카라 덩어리 안에 있다고 고타마는 말했다.

> 이 5척 남짓한 삭까야(다섯-스칸다) 안에 세계가 있다. 그래서 세계는 내 의식 안에 있다.

세계가 내 안에 있다는 말은 무슨 의미일까?

저기에 달이 있고 해가 있고 별들이 있다. 저기 하늘이 있고 새들이 있고 노랑나비가 있다. 저기 건물들이 서 있고 길이 있고 푸른 나무들이 있고 빨간 꽃들이 있다. 저기 사람들이 얘기하고 있다. 자동차 소리가 있고 파도 소리가 있다. 비빔밥에서 고소한 참기름 냄새가 나고 열무김치 씹는 맛이 일품이다. 아내의 손이 내 아픈 어깨를 주물러주는데 그 촉감이 아주 부드럽다. 문득 옛날 학창시절 친구의 얼굴이 떠오른다. 그는 지금 어디 있을까. 이것이 이 순간의 내 세계다.

갑자기 나의 눈-감각이 없어져버렸다. 나의 이 순간의 세계에는 달도 없고 해도 없고 별도 없다. 새들도 없고 노랑나비도 없다. 건물도 없고 푸른 나무도 없고 빨간 꽃들도 사라졌다. 이 순간의 내 세계는 캄캄하다.

갑자기 나의 귀-감각도 없어졌다. 나의 이 순간의 세계에는 사람들이 얘기하는 소리도 없고 자동차 소리도 없고 파도 소리도 없다. 나의 이 순간의 세계는 캄캄하고 적막하다.

갑자기 나의 코-감각도 없어졌다. 나의 이 순간의 세계에서 비빔밥의 고소한 참기름 냄새가 사라졌다. 이 순간의 나의 세계는 캄캄하고 적막하고 아무 냄새도 없다.

갑자기 나의 혀-감각도 없어졌다. 나의 이 순간의 세계에서 열무김치 맛이 사라졌다. 나의 세계는 캄캄하고 적막하고 무취하고 무미한 세계이다.

갑자기 나의 신체-감각도 없어졌다. 나의 이 순간의 세계에서 어깨에 전해지던 부드러운 감촉이 사라졌다. 이 순간의 나의 세계는 캄캄하고 적막하며, 무취·무미·무감촉의 세계이다. 이제 나의 세계는 오로지 머릿속에 떠오른 옛 친구의 얼굴과 그에 대한 생각들만 남아 있다.

그런데 갑자기 나의 마노-감각마저 없어졌다. 나의 이 순간의 세계에는 머릿속에 떠오른 옛 친구의 얼굴도 없고, 그에 대한 생각들도 없다. 이 순간의 나의 세계는 이제 캄캄하고 적막한, 무취·무미·무감촉·무상념의 세계이다.

색깔도 소리도 냄새도 맛도 촉감도 상념도 없는 이 세계는 어떤 세계인가? 현대 물리학에서 말하는 '진공의 율동(Vacuum Fluctuation)'이라고 할까! 어떤 세계이든 간에 이 순간의 세계는 나의 세계가 아닌 것이 틀림없다. 나의 세계는 없어진 것이다. 눈-의식, 귀-의식, 코-의식, 혀-의식, 신체-의식, 마노-의식이 없을 때, 세계는 없다. 의식이 없으면 나의 세계는 나한테 없다. 아니 '없다'는 생각조차도 없다. 의식이 있을 때만 세계는 나타난다. 앞에서 언급했지만 그래서 고타마는 말한다.

"세계는 내 의식 안에 있다(The world exists in my consciousness)."

분명히 맞는 말이다. 다섯-스칸다는 텅 비어 있는, 아무것도 없는 '진공'이 아니다. 모든 것이, 우주 자체가 거기에 충만해 있다. '아무것도 없다'는 것이 아니라 오로지 '스스로-존재하는', 무조건적이고 절대적이고 안정되고 불변하는 '나'라고 할 만한 실체가 없을 뿐이다. 이와 같이 모든 것은 있으나 다만 '스스로-존재하는 나'라고 할 만한 실체가 없는 상태를 고타마는 간단히 '비어 있음suññatā'이라고 했다.

그렇다면, '비어 있음'이란 어떠한 현상일까? 그렇게 '스스로-존재하는' 실체가 없는 상태에서는 모든 것이 불안정하고 무상해야 한다. 무상하지 않은 것이 있다면, 그것은 바로 안정되고 불변하는 것이기 때문이다.

바닷가의 벼랑 밑에서 일고 있는 파도를 보라. 그곳에 어디 안정되고 불변하는 '파도'가 있는가? '파도'라는 언어적 개념처럼 고정되고 불변하는 '파도'라는 것은 어디에도 없다. 거기에는 연속적으로 변해가는 과정만 있을 뿐이다. '파도'는 없고 오로지 '파도침'만 있다. 정지된 개념으로서의 명사는 없고 계속 변해가는 동사만 있다. 그러므로 바다의 파도치는 현상은 '비어 있음'의 현상이다.

이 '비어 있음'의 세계에서는 '이것' '저것'이라고 말하는 것 자체가 어리석은 짓이다. '이것'이라고 인식하는 순간 그것은 변해버리고, 다만 이것의 '인식'만 있을 뿐이다. 마치 날아가는 새를 사진 찍으면, 찍는 순간 그 새는 날아가버려 없어지고, 안정되고 불변하다 할 만한 것은 다만 그 사진 안에만 남아 있는 것과 같다. 그러나 그 사진에 있는 새는 실제의 새가 아니다.

천문학자들에 의하면, 우리가 속해 있는 이 우주는 약 137억 년 전 한 점의 우주 씨앗이 폭발함으로써 시작되었다. 이 우주를 시공간의 세계라고 한다. 아인슈타인의 상대성 원리에 의하면, 시간과 공간은 아이작 뉴턴이 생각한 것처럼 따로 독립되어 절대적으로 불변하는 것이 아니고 서로가 유기적으로 얽혀 있으며, 계속 줄어들고 늘어나고 하면서 소용돌이치고 있다. 거기서는 모든 것이 서로 영향을 주고받고 있다. 어떤 것도 독립되어 무조건적으로 '스스로-존재'할 수 없다. 그래서 시공간의 세계는 '비어 있음'의 세계이다.

비어 있음의 세계의 성격을 고타마는 이와 같이 멋있게 표현했다. "삽베 상카라 둑카sabbe saṅkhārā dukkhā, 삽베 상카라 아닛짜sabbe saṅkhārā aniccā!" 즉 모든 상카라(형성물)는 불안정하고 무상하다는 것이다. 그는 또 이렇게도 말한다. "이것이 있기 때문에 저것이 있고, 이것이 없으면 저것도 없다." 바다에서 일어나는 파도를 보라. 저렇게 계속 일고 있는 '파도침'의 현상을 어떻게 언어로 표현할 수 있을까? '이 파도침이 있기 때문에 저 파도침이 있고, 이 파도침이 없으면 저 파도침도 없다!'가 되지 않을까.

그래서 비어 있음의 세계를 '인과'의 세계라고 한다.[8] 그 말은 어느 것도 무조건적으로 스스로-존재할 수 없고 모든 것이 서로 의존하고 서로 영향을 주고받고 있으니, 모든 것이 서로의 원인이고 서로의 결과라는 뜻이다.

'시간이 흐른다'라는 말은 모든 것이 변화하고 있다는 뜻이다. '공간'이라는 것은 여기가 있고 저기가 있고, 그 사이에는 거리가 있다는 말이다. 비어 있음의 세계에서는 이곳에서 일어나는 모든 변화가 저곳에 변화를 일으키고, 저곳에서 일어나는 변화가 이곳의 모든 변화를 일으킨다는 것이다. 시간은 다만 이 변화하는 세계의 파도가 전파해가는 과정이다. 이 율동하는 변화는 온 누리의 변화의 결과이자 동시에 원인이다. 이것을 '연하여 생겨난 것[연이생緣已生, paccaya samuppanna]', 또는 '12고리 사슬[십이연기十二緣起]'이라 하는데, 오온五蘊의 생성과 소멸이라는 조건적 발생의 법칙을 설명할 경우 중국 사람들은 '연기緣起(paṭicca samuppāda)'라고 표현했다.

우주는 '비어 있음'의 세계이다. 다섯-스칸다의 모든 상카라는 불안정하고 변하고 있다. 다섯-스칸다의 세계도 바로 비어 있음의 세계라는 것은 이미 알고 있다. 그리고 이 삭까야가 속

---

8   비어 있음의 세계란 공空의 세계를 말하며, 이는 '이것이 있을 때 저것이 있고, 이것이 없으면 저것이 없다'는 논리이다. 즉 과학, 종교, 철학을 막론하고 모든 결과는 원인에 의한 것으로, 이를 '인과'라 한다.

해 있는 우주 전체도 비어 있음의 세계라는 것을 과학은 알고 있다. 그러므로 비어 있음은 바로 이 우주를 말하고 있다.

비어 있음의 세계는 아무것도 없다는 것이 아니다. 모든 것이 거기에 있다. 이 우주 그 자체이다. 오로지 안정되고 불변하는, 절대적이고 무조건적인 '나'라고 할 만한 것이 없을 뿐이다. '비어 있음'의 세계는 '불안정하고 무상한' 세계이다. 우주는 이 다섯-스칸다 안에 있고, 다섯-스칸다가 전부이고, 그 이외는 아무것도 없다. 그러니까 '삽베 담마 아나타sabbe dhammā anattā', 즉 시공간의 인식된 모든 것에는 '나'라고 할 만한 것이 없다고 인도 갑돌이는 역설한다.

> 다섯-스칸다는 실체가 없고 비어 있다. 그리고 실체가 아닌 모든 것은 불안정하고 무상하다. 불안정하고 무상함을 '비어 있음'이라 한다. 불안정하고 무상한 것이 바로 다섯-스칸다이다. 즉 비어 있음은 바로 다섯-스칸다이다.

이제 앞의 도표2의 마지막 도식 '(다) 다섯-스칸다 ⇄ 비어 있음'을 보자. '다섯-스칸다'와 '비어 있음'은 같다는 의미이다. 다섯-스칸다가 실체가 없다는 것은 필연적으로 다섯-스칸다는 불안정하고 무상할 수밖에 없고, 다섯-스칸다의 모든 것이 불안정하고 무상하다는 것은 필연적으로 안정되고 불변하는 실체들이 '없다'라는 말이다. 또 인도 갑돌이는 다섯-스칸다는 비어 있음과 다르지 않고 비어 있음은 다섯-스칸다와 다르지 않다고 역설한다.

'다르지 않다'는 '같다'라는 말이다. '다섯-스칸다'는 여기 있고 '비어 있음'은 저기 따로 있고 하는 식으로 '비어 있음'을 '물체화'하지 말라는 것이다. 이 두 낱말이 내포하는 의미는 본질적으로 서로 다르지 않고 같다는 것이다. 인도 갑돌이는 낱말 '다섯-스칸다'와 낱말 '비어 있음'은 똑같은 말이라고 역설하고 있다. 이것은 마치 '인간'과 '사람'이라는 두 낱말이 그 의미에 있어서는 같은 말인 것과 같다.

여러 다른 낱말들이 같은 대상을 가리키는 현상은 일상 언어생활에서 다반사로 있다. 그런데 다르게 보이는 둘이 같다 할 때, 같다는 기준이 있어야 한다. 인간과 원숭이는 같다 할 때, 둘 다 동물이라는 기준에 의해서 같다고 하면 그것은 맞는 말이다. 그러면 인도 갑돌이가 '다섯-스칸다'라는 낱말과 '비어 있음'이란 두 낱말이 같다고 할 때, 어떤 의미에서 같다고 하는가? 명상 안에서 불안정하고 무상하다는 동일한 현상을 보고서, 즉 '프라즈냐야 파라미타'를 하고서 그 동일한 현상을 '다섯-스칸다'와 '비어 있음'이란 두 낱말로 표시했을 따름이다. 그는 '비어 있음'이라는 말과 '다섯-스칸다'는 동의어라고 말하고 있다.

또, 종합해서 "무엇이든 다섯-스칸다라면 그것은 비어 있음이고, 무엇이든 비어 있음이라면 그것은 다섯-스칸다이다"라고 한 말은 무슨 의미인가? 인도 갑돌이가 다섯-스칸다 모두가 비어 있다는 놀라운 사실을 꿰뚫어 봤다고 난리를 칠 때, 그는 누구의 다섯-스칸다를 꿰뚫어 봤는가?

인도 갑돌이는 자기 자신의 다섯-스칸다를 꿰뚫어 본 것뿐이다. 그러나 그 자신의 초라한 다섯-스칸다가 실체 없는 빈 깡통이라 해서 다른 이의 삭까야, 즉 다섯-스칸다도 다 빈 깡통이란 말인가? 이 광대한 우주의 어느 은하계의, 어느 태양계의, 어느 행성에 행복하게 사는 다른 어떤 삭까야에는 혹시나 그 안에 알맹이가 하나 있을 수 있지 않을까? 무슨 영문인지 인도 갑돌이는 단호하다. 인도 갑돌이는 알맹이 있는 삭까야는 이 우주에 하나도 없다고 단언한다. 과거·현재·미래를 막론하고, 이 우주 어디에 살았든 살든 살 것이든, '비어 있음'은 모두에게 공통된 특징이다. 인도 갑돌이는 고타마처럼 모든 삭까야들이 생멸하는 것을 봤기 때문에 이런 소리를 하는 것이다.

두 번째
'여기에서는'

> • 여기에서는, 오 사리푸트라! 형색은 비어 있고 비어 있음이 바로 형색이며, 또 형색이 비어 있음과 다르지 않고 비어 있음도 형색과 다르지 않다. 무엇이든 형색이라면 그것은 비어 있고, 무엇이든 비어 있음이라면 그것은 형색이다. 느낌, 인식, 심리현상, 의식도 다 이와 같다.

두 번째 '여기에서는'은 어딘가? 세 가지 활동(언어·신체·정신)이 다 현존하는 상태에서 다섯-스칸다가 비어 있다는 것은 알았다. 그리고 언어 활동이 멈추어도 다섯-스칸다가 비어 있다는 것을 알았다. 그런데 이상하다. 제1쟈아나에서 제2쟈아나로 와서 언어 활동이 완전히 중지되었는데도 이 고도의 집중에서 오는 '즐거움'과 '기쁨'은 그대로 남아 있다. 그렇다면 제2쟈아나에서 알게 된 다섯-스칸다의 실체가 비어 있다는 것은 잘못인가? 이 항존하는 듯한 '즐거움'과 '기쁨'이야말로 안정되고 불변하는 것은 아닐까? 과연 그런가? 집중을 더 강화해보자. 이제 제3쟈아나에 들어간다.

제3쟈아나에는 일어나고 사라지는 사건들, 즉 다섯-스칸다의 뒤에 있는, 여태까지 통찰의 대상이 되지 않았던 백그라운드의 '희열'과 '행복'이 정면에 나타난다. 깨닫기의 조명이 이것들을 비춘다. 그러자 제1, 제2쟈아나부터 항존하고 있던 희열(피티pīti)이 비워져 없어진다. 희열도 불안정하고 무상하다. 그렇지만 저 천국에 있는 것 같은 훈훈한 행복(숙카sukha)은 변하지 않고 그대로 백그라운드에 남아 있다. 비어 있는 다섯-스칸다의 상카라는 이 '비어 있음'의 무대 위에서 행복, 즉 숙카의 춤을 추고 있다. 대부분의 명상가는 여기에 안주하게 된다. 모든 것은 비어 있지만, 즉 무상하고 불안정하지만, 이 숙카의 행복만은 안정하고 불변하는 것인가? 과연 이것이야말로 '나'의 본질인가?

고타마는 '이 기쁨에 사는 자는 행복한 자'라고 표현했다. 그러나 과연 그럴까? 남은 두 활동 중의 하나인 신체 활동이 멈추어도 이 천국 같은 숙카의 행복은 안정되고 불변하는 것일까? 더 집중해보자. 이제 제4쟈아나에 들어간다.

• 제3단계: 정신 활동만 갖춘 삭까야

제4쟈냐에 들어가니 숨이 없어져 버린다. 신체 활동이 완전히 멈추었다. 안정되고 불변하게 보이던 저 숙카, 즉 행복도 여기에서 사라지고 말았다. 결국 이 숙카도 무상하다는 것을 이제 '프라즈냐'로 알았다. 고타마는 말한다. 여기에서는 나의 육체에 대한 어떤 감각도 없다. 오직 '흔들리지 않음(upekkhā)'과 최고도의 '깨닫기(sati)'만 있다.

세 가지 활동 중에서, 첫 번째로 언어적 활동(vacīsaṅkhārā)이 멈추었다는 것은 첫 번째의 획기적인 사건이고, 이제 신체적 활동(kāyasaṅkhārā)이 멈추었다는 것은 두 번째 획기적인 사건이다. 삭까야의 다섯-스칸다는 이제 정신적 활동(manosaṅkhārā)만으로 구성되어 있다. 이 사건을 인도 갑돌이는 또 '여기에서는' 하고 고함을 지르는 것이다. 보라.

비어 있음의
특징

> • 여기에서는, 오 사리푸트라! 모든 것들은 비어 있음의 특
> 징을 가지고 있다. 생기지도 않고 멸하지도 않는다. 더럽
> 지도 않고 깨끗하지도 않다. 줄어들지도 않고 늘어나지
> 도 않는다.

자아, 인도 갑돌이는 제4쟈아나에 들어오자 "모든 것들은 비
어 있음의 특징…" 운운하고 있다. 도대체 그는 뭘 말하고 있는
것인가? 생기지도 않고 멸하지도 않는다든지…. 문자 그대로
받아들인다면 일고의 가치도 없는 난센스이다. 아마도 인도 갑
돌이는 자기 자신이 알아낸 것을 상징적으로 표현했다고 할 수
밖에 없다.

첫째, 이 '모든 것들(sabbe dhammā)'이란 무엇인가? 언어 활동

이 멈추었고, 또 신체 활동이 멈췄다. 남은 것은 여섯 번째 감각 기관인 마노mano의 정신 활동뿐이므로, 여기에서의 '모든 것들'은 마노가 감각하는 대상물을 가리킨다. 우리가 '이것' '저것' 할 때, '것(dhamma)'이란 우리에게 의식된 것 이외는 아무것도 아니다.

일단 그렇다 치고, 우리에게 의식된 '모든 것들'을 '다르마의 보따리'라고 해보자. 이들 중 눈으로 의식된 '색깔-것들'을 이 보따리에서 빼내자. 그다음 귀로 의식된 '소리-것들'을 빼내고, 그다음 '냄새-것들' '맛-것들', 그다음 신체의 '촉감-것들'을 모두 보따리로부터 빼내자. 이제 보따리에 남은 '것들'은 무슨 감각 기관으로 의식된 것일까? 마노로 감각된 것들이다. 그래서 마노가 감각하는 대상물을 고타마는 색깔, 소리처럼 특별히 이름을 붙이지 않고 그냥 '다르마dharma', 즉 '것들'이라고 했다. 이 '다르마'도 빠라마아타 언어의 하나이다. 예컨대 무슨 아이디어니 영상이니 하는 것은 마노가 감각하는 '것들'로서 한역에서는 '법法'으로 옮긴다.

그러면 제4쟈아나에 왔을 때 여섯 감각 기관 중에 어떤 감각 기관이 아직 활동하고 있을까? 제4쟈아나에서는 신체 감각이 없어졌다. 따라서 눈-의식, 귀-의식, 코-의식, 혀-의식도 다 없어졌다. 남은 것은 마노-의식뿐이다. 그런데 이 마노가 감각하는 '것들' 중에 언어 활동과 관계되는 모든 것들은 제1쟈아나에서는 감각되었지만 제2쟈아나에서 다 소멸되었다. 제2쟈아나에 감각되었던 모든 영상과 '느낌-것들'도 제3쟈아나에서 '숙카'를 제외하고는 다 없어졌다. 그 '숙카'도 제4쟈아나에서 소멸되어버렸다. 다 비워졌다! 그러므로 제1쟈아나부터 제4쟈아나까지 마노가 감각한 '모든 것들'은 '비어 있음'의 특징을 가지고 있다. 그래서 인도 갑돌이는 불안정하고 무상하다고 말하고 있는 것이다.

지금까지의 과정을 보면, 인도 갑돌이의 말은 지극히 타당하다. 왜냐하면, 고타마가 처음부터 그럴 것이라고 얘기해놓았으니까! 그것은 그렇다 치고, 이 제4쟈아나에 들어와 있는, 즉 '여기에서는' 인도 갑돌이라는 인간은 어떤 의식 상태에 있을까?

고대로부터, 제4쟈아나에 들어와 있으면, 마노를 통해서 감각하고 인식하고 느낀 '모든 것들(유위법有爲法)[9]'은 세 가지 특성을 갖는다고 했다. 그것들은 '비어 있음[공성空性, suññatā]'과 '흔적 없음[무상無相, animittā]'과 '기울지 않음[무원無願, appaṇihitā]'이다.[10]

---

9   '유위법有爲法'은 초기 경전 주석서에서는 열반을 제외한 인식된 모든 대상, 즉 근본 물질 18가지, 추상물질 10가지, 심소법 52가지, 마음 1가지를 합친 것이라고 한다. 여기에 열반 1가지를 포함 한 것을 '일체법一切法'이라고 한다.

10   공空, 무상無相, 무원無願 또는 무상無常, 고苦, 무아無我를 물질의 '삼특상'이라고 하며 '해탈의 세 관문'이라고도 지칭한다. 이에 대해서는 이 책 제12장의 까마부 존자와 찟따 장자와의 대화를 참조하기 바람.

이 삼인조에 대한 전통적 해석은 이렇다. '비어 있음'은 마노가 감각하는 '모든 것들'은 '내가 아니다'라는 것이다. '흔적 없음'은 모든 것은 무상하고 계속 변해 없어지니까, 붙잡을 만한 아무런 흔적이나 표시 따위가 남아 있지 않다는 것이다. 즉 집착할 것은 아무것도 '없다'라는 의미이다. '기울지 않음'은 '모든 것들'에 대해서 탐·진·치의 욕구라는 병독에 기우는 경향이 원천적으로 없어졌다는 의미이다.

예로부터 제4자아나에 대해 설명할 때는 항상 이 삼인조가 상투적으로 언급되어왔다. 공空, 무상無相, 무원無願은 삼계三界에 속한 물질의 '삼특상三特相(ti-lakkhaṇāni)'이라 하며, 이를 해탈의 세 관문이라고 한다(《대념처경》(D22)과 그 주석서; 《청정도론》 3권 21장 67).

《청정도론》에서는 "해탈에는 세 가지 관문이 있다. 그것은 무상無常, 고苦, 무아無我이다"라고 했으며, 《아비담마 길라잡이》 하권 〈해탈의 분석 제35〉에서는 이를 '공空, 무상無常, 무원無願'이라 하였다. 예컨대 "무상無常을 꿰뚫어 알아서 체득한 해탈을 표상 없는 무상해탈無相解脫이라 하고, 고苦를 꿰뚫어 알아서 증득한 해탈을 원함 없는 무원해탈無願解脫이라 하고, 무아無我를 꿰뚫어 알아서 요달한 해탈을 공해탈空解脫이라 한다"라고 결론짓고 있다.

제4자아나에 들어와 보니, "여기에서는, 오 사리푸트라! 이

142

'모든 것들'은 비어 있음의 특징을 가지고 있다." 인도 갑돌이
는 바로 이것을 또한 다음과 같이 묘사한다.

　(가) 생기지도 않고 멸하지도 않는다[불생불멸不生不滅].

　(나) 더럽지도 않고 깨끗하지도 않다[불구부정不垢不淨].

　(다) 늘어나지도 않고 줄어들지도 않는다[부증불감不增不減].

만일 인도 갑돌이가 제4쟈아나에 왔다면, 그리고 신체 활동이
멈추어졌다면, 그는 고타마가 그럴 것이라고 말한 대로 위의
삼인조, 즉 (1) 비어 있음[공空]·(2) 흔적 없음[무상無相]·(3) 기
울지 않음[무원無願]을 경험했을 것이다. 그리고 이 (1)·(2)·(3)에
대한 체험을 (가)·(나)·(다)와 같이 표현한 것으로 볼 수 있다. 즉,
(1)·(2)·(3)은 다음과 같이 (가)·(나)·(다)와 1 대 1의 대응을 이룬다
고 할 수 있다.

비어 있음 ⇌ 생기지도 않고 멸하지도 않는다.

흔적 없음 ⇌ 더럽지도 않고 깨끗하지도 않다.

기울지 않음 ⇌ 늘어나지도 않고 줄어들지도 않는다.

도표 3. 비어 있음의 삼특상

그렇다면 왜 인도 갑돌이는 고타마를 비롯하여 숱한 과거 선배

들이 다 그랬듯이 그냥 직설적으로 '비어 있음' '흔적 없음' '기울지 않음'이라는 전통적인 삼인조를 얘기하지 않고, 이런 식으로 표현했을까? 여러 가지 가설을 세울 수 있다.

〈가설 1〉 인도 갑돌이의 유치한 허영심 때문이다. 사람들이 이 삼인조를 상투적으로 무미건조하게 말하고 있었으니까, 자기는 상대적으로 좀 별나게 보이고 싶어서, 남이 들어도 알 수 없는 횡설수설로써 남을 골탕 먹이려고 이렇게 표현했을 것이라고 생각해 볼 수 있다. 그러므로 이런 횡설수설 그 자체는 아무런 의미가 없다.

〈가설 2〉 인도 갑돌이가 명상에서 나와 이 글을 쓸 때, 그에게는 모든 것이 보통 깨어있는 사람과 다르게 보인다. 그에게 '비어 있음'은 '생기지도 않고 멸하지도 않는' 것으로 보이고, '흔적 없음'은 '더럽지도 않고 깨끗하지도 않은' 것으로 보이고, '기울지 않음'은 '늘어나지도 않고 줄어들지도 않는' 것으로 보인 모양이다. 우리가 보통 비유를 사용하는 목적은 당면 주제를 상대가 더 잘 이해하도록 하기 위해서인데, 이렇게 추상적인 시인들은 비유를 가지고 상대가 쉽게 이해하지 못하도록 한다.

〈가설 3〉 인도 갑돌이는 독창적으로 '비어 있음' '흔적 없음' '기

울지 않음'의 본질에 대해서 나름의 일가견을 고집스럽게 피력
했다.

주석가들은 대부분 〈가설 3〉을 선호하고 온갖 주석을 해왔다
고 할 수 있다. 그러나 도무지 무슨 소리인지 알 수 없는 노릇
이다. 다들 인도 갑돌이 이상으로 한마디씩 횡설수설해야 직성
이 풀리는 모양이다.

한 예로 아상가Asaṅga(무착無着)[11]의 '비어 있음'의 복잡다단
한 해석을 인용하면서, 알렉스 웨이만[12]은 다음과 같이 말한다.
"흔적의 원천에는 눈-감각기관의 기저(base)가 없기 때문에, 그
없는 비어 있음은 물론 생기지도 않고 멸하지도 않고 …. '흔적
없음'은 깨어남의 문인데, 그 흔적 없음은 원래 더럽지도 않고
깨끗하지도 않으니까 …." 뭐가 '물론'이란 말인가? 무슨 소린
지….

그러면 이 제4쟈아나에 있는 삭까야는 어떤 삭까야일까?
눈, 귀, 코, 혀, 신체 감각이 없으니 눈-의식, 귀-의식, 코-의식,

---

[11]   인도 대승불교인 유식학파의 대학자. 4·5세기 북인도 건타라국 출신의 승려이자 세친世
親의 형이기도 하며 설일체유부 說一切有部에 출가하여 인도 유식학파의 개산조인 미륵
彌勒(Maitreya)의 가르침을 받아 유식학唯識學에 정통 했다.

[12]   알렉스웨이만Alex Wayman(1921-2004)은 인도-티베트 불교 학자로서 콜롬비아 대학교
에서 산스크리트, 불교혼성범어, 인도-티베트 종교를 가르치는 교수로 1967년~1991년
까지 재직, UCLA에서 1949년 석사, 1959년 박사 학위를 수여 받음. 콜롬비아 대학교에
서는 그를 티베트학 분야의 개척자로 소개하고 있다.

혀-의식, 신체-의식이 안 일어나고, 그래서 색깔, 소리, 냄새, 맛, 촉감을 지금 여기에서 감각할 수 없다. 오직 남아 있는 마노로 정신적인 감각을 할 수밖에 없다. 그러나 이 제4쟈아나에서, 마노는 언어적인 활동과 신체적인 활동이 관계되는 어떠한 것도 감각하지 못한다. 즉 개념을 만들고 그런 개념으로 생각을 할 수 있는 삭까야가 아니다. 그리고 색깔·소리·냄새·맛·촉감 같은 것들에 대해 기억이나 추억, 심지어는 '상상'으로도 경험할 수 없다. 제4쟈아나에 있는 삭까야의 마노가 감각하는 것은 통상적인 것이 아니고 극히 제한된, 보통으로 경험할 수 없는 '초인간적'이라고 할 만한 오묘한 것들뿐이다. 마노가 이 상태에서 어떤 것을 감각하는가에 대해서는 차후에 언급할 것이다.

제4쟈아나에 있는 삭까야는 몸도 감정도 말도 생각도 없고, 전 다섯 감각 기관에서 오는 어떤 감각도 인식도 느낌도 없고, 어떠한 추억도 기억도 없다. 다만 있는 것이란 겨울 청강을 훤히 비추는 흔들리지 않는 강렬한 깨닫기의 빛과, 삼계의 시공간의 극한에서 오는 '진공의 율동', 그리고 그것을 감각할 수 있는 마노-의식의 괴물 삭까야이다.

이 삭까야가 감각하고 인식하고 느낌을 제공하는 세계는 어떤 세계일까? 인도 갑돌이의 말을 더 들어보자.

'이 비어 있음'

> • 여기에서는, 오 사리푸트라! 모든 것들은 비어 있음의 특
>   징을 가지고 있다. 생기지도 않고 멸하지도 않는다. 더럽
>   지도 않고 깨끗하지도 않다. 줄어들지도 않고 늘어나지
>   도 않는다.
> • 다음에, 오 사리푸트라! 이 비어 있음에는

인도 갑돌이는 '여기에서는(iha)' '여기에서는(iha)'이라고 하면
서 제2쟈아나에서 제4쟈아나로 왔다. 한편 이 둘이 이끄는 문
장들에 뒤이어 "다음에, 오 사리푸트라! 이 비어 있음에는"이
라는 내용이 나타난다. '다음에'에 해당하는 산스크리트 '따
스마아츠tasmāc'는, 앞서 언급했듯이, 보통은 논리적 접속관계
'그런고로' '그렇기 때문에' 혹은 '그 이유로 인하여'라고 번역

된다. (J. S. SPIER, SANSKRIT SYNTAX, 교토, 린센-쇼텐 서점, 1968.)

그러나 이를 '그런고로'라고 논리적 접속사로 번역한다면, '그런고로' 앞에 무슨 논리적 전제가 있어야 한다. 무슨 이유 때문에 '그런고로'인가? 앞에 있는 것은 기껏해야 인도 갑돌이가 제2쟈아나를 거쳐 제4쟈아나까지 왔다는 내용뿐이다. 이것은 '그런고로'의 논리적 전제가 되지 않는다. 난데없이 아무 이유도 없이 "그런고로…" 하고 "이것도 없고 저것도 없고…" 하면서 '없다' 타령만 해댄다. 따라서 이 경우 '따스마아츠'는 '그 다음에'와 같이 시간적 전후 관계로 보는 것이 마땅하다. 현장은 이것을 '그런고로'라고 번역했는데, 필자는 그의 번역에 동의할 수 없다. 아래에서 상세히 논하겠지만, '그다음에'로 번역해야 고타마의 다르마와 부합한다.

인도 갑돌이는 제1쟈아나에서 제2쟈아나, 제3쟈아나, 제4쟈아나로 시간적으로 옮겨왔다. 그렇다면 제4쟈아나에서도 시간적으로 다음 단계로 옮겨가야 한다. 즉 제4쟈아나 다음에도 인도 갑돌이의 명상 여정은 계속 다음 단계로 넘어가야 한다. 어디로? 이 "없다, 없다" 타령이 그가 어디로 갔는지 단서를 제공해준다.

고타마는 《맛지마니까야》 제26장, 〈성스러운 구함 경〉에서 다음과 같은 감동스러운 회고를 하고 있다.

그때, 나는 머리카락이 숯과 같이 검고 젊은 활기에 가득 차 있었다. 그러나 울부짖고 말리는 부모를 뿌리치고, 내 머리털과 수염을 삭발하고 노란색 가사를 걸치고 출가했다. 나는 이제 비할 바 없고 필적할 수 없는 평화로 가는 길을 찾는 구도자가 되었다. 처음 나는 알라라 깔라마를 찾아갔다. 나는 그에게 아뢰었다. "존귀한 알라라, 나는 당신의 교리와 규칙에 준하여 구도의 길을 걷고자 합니다." "저 고귀한 분의 소원대로 하게 하여라. 나의 교리는, 영리한 사람이라면 조금만 노력하면 초인적 지식을 얻고, 그 지식대로 거둘 수 있게 할 것이다." … 얼마 안 가서 나는 그가 달성한 그 경지에 도달했다. 그 경지는 '아무-것도-없음[무소유처無所有處]'의 경지였다. 그러나 이 경지는 깨어나는 데 필요한, 니르바나에 도달하는 초월적 지식을 제공해주지 못했다. … 그래서 나는 그를 떠났다. … 그다음 나는 웃다까 라마뿟따를 찾아갔다. … 얼마 안 가서 나는 그가 도달한 경지에 이르게 되었다. 그 경지는 '인식도-아니고-비인식도-아님[비상비비상처非想非非想處]'이었다. 그러나 이 경지는 깨어나는 데 필요한, 니르바나에 도달하는 초월적 지식을 제공해주지 못했다. 그래서 나는 그를 떠났다.

여기서 주목할 것은, 고타마가 생로병사의 고통에서 벗어나는 초월적 지식, 즉 프라즈냐를 얻기 위해 지금 막 출가한 초보자,

유치원생이라는 사실이다. 천부적인 소질이 있었는지, 고타마
는 이 두 스승을 통해서 소위 무색계의 가장 높은 의식 상태인
'아무-것도-없음'과 '인식도-아니고-비인식도-아님'의 경지
에 도달했다. 그러나 그는 분명히 말한다. 이 경지들은 깨어나
는 데 필요한, 니르바나에 도달하는 데 필요한 어떠한 초월적
지식도 주지 못했다고.

　이 두 스승을 떠난 후 그는 스스로 니르바나에 도달하는 초
월적 지식, 즉 프라즈냐를 완성하여 깨어났고 니르바나를 쟁취
했다. 그리고 그 후 많은 제자들에게 이 '행복의 행진'을 가르
친다. 고타마가 아난다에게 하는 말을 들어보자.

　　여기 수행자는 무색계의 공무변처, 식무변처, 무소유처를 지나
　　마지막 선처인 '인식도-아니고-비인식도-아님의 경지'를 완전
　　히 넘어섬으로써 오로지 '인식과 느낌이 중지된 상태'에 들어간
　　다. 아난다, 이것이 먼저 행복보다 더 멋진 행복이다. 그리고 이
　　이상은 없다.

인식과 느낌은 정신적 활동이다. 이것의 중지는 정신적 활동이
멈췄다는 것이다. 여기서 명상가의 언어적 활동[구업口業 혹은 구
행口行], 신체적 활동[신업身業 혹은 신행身行], 그리고 정신적 활동
[의업意業 혹은 의행意行] 모두가 가라앉았다. 삭까야의 의식은 완

전히 가라앉아버렸다. 삭까야는 여기서 기능적으로 죽은 상태에 있다. 고타마는 이 가사 상태를 최고의 행복이라고 한다. 행복의 축적은 마침내 그 절정에 달한 것이다. 이상의 명상 여정을 도식화하면 다음과 같다.

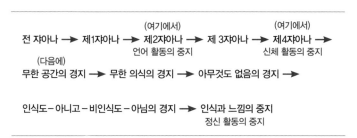

도표 4. 고타마 명상의 여정

제4쟈아나 다음에 인도 갑돌이가 들어간 의식 세계인 '무한 공간의 경지[공무변처空無邊處]'로부터 '인식도-아니고-비인식도-아님의 경지[비상비비상처非想非非想處]'까지를 전통적으로 '아루파로카arūpa-loka', 즉 '형색 없는 세계' 혹은 '무색계'라고 부른다.

무색계의 의식 세계가 어떤 것인지는 물론 우리 각자가 직접 경험하고 그 행복을 맛봐야 하겠지만, 고타마가 이왕 말을 했으니까, 또 고타마 이외의 많은 사람들도 얘기해왔으니까, 그들이 한 말들을 종합해서 그 내용을 그림으로 그려보자. 무색계로 가는 출발점인 제4쟈아나의 폭은 넓다. 거기에는 하단계가 있고 고단계가 있다.

제4쟈아나에서는 어떠한 행복도 고통도 없으며, 어떠한 아픔도 슬픔도 없다. 그러므로 이러저러한 어떠한 흔들림도 없다. 다섯 감각에 의한 신체 감각도 가라앉았다. 이제 마지막 남은 활동이란 마노-의식뿐인데, 여기에서 마노-의식이 감각하고 인식하고 느낄 수 있는 통상적 대상은 아무것도 없다. 다만 이 상태에서 마노-의식이 무엇을 감각하든, 그 주변을 둘러싸고 있는 배경은 겨울 청강을 비추는 달빛처럼, 완전무결한 다이아몬드처럼, 차갑고 흔들리지 않는 투명한 '깨닫기(sati)'만 남아 있다. 이 훤한 깨닫기의 빛 안에서, 고타마는 고도로 희석된 삭까야의 마노-의식이 감각하고 느끼는 것을 통찰한다. 이때 마노-의식은 무색계를 감각하기 시작한다. 의식은 무색계로 빠져들어간다. 마노-의식이 무색계를 의식하게 되는 상태를 제4쟈아나의 하단계라고 표현할 수 있다.

제4쟈아나에서 마노-의식은 어떤 대상을 인식하고 느끼기 시작한다. 이것을 고타마는 '무한 공간'이라고 이름 지었다. 여기서는 내가 공간적으로 무한히 뻗어나가는 느낌이 생긴다. 처음에는 무서운 느낌도 들지만 익숙해지면 참 재미있는 경험이다. 일종의 새로운 '행복'이다. 이 경험은 구태여 제4쟈아나를 통과하지 않아도 되며, 보통 우리가 말하는 '사마타samatha', 즉 마음을 하나의 대상에 집중만 하는 명상을 통해서도 경험할 수 있다.

무한 공간의 경험이므로 이 경지에서는 마노-의식이 '거리'를 의식한다. '여기'와 '저기', 즉 '가깝고' '멀고' 하는 느낌이다. 유사한 경험으로, 기도원에서 기도를 간절히 하던 어떤 전도사도 기도 중에 "내 몸이 점점 커져서 방을 가득 채울 정도였다"고 하는 경우가 있었다. 한편 "내 안에 내 집이 들어오고, 우리 마을이 보이고, 온 지구가 들어오고, 태양과 행성들이 저 밑에 보이고, 마침내 온 우주의 별들이 모두 내 안에 들어와 있는 것을 봤다"라고 하는 어느 명상가의 말도 들은 적이 있다. 인도의 라즈니쉬도 유사한 체험담을 얘기한 적이 있다.

그런데 거리를 의식하기 위해서는 의식되는 대상들이 있어야 하고, 그것들의 '사이', 즉 공간이 의식되어야 한다. 이 경지에서 의식되는 대상들은 다섯 감각 기관을 통해서 의식된 것이 전혀 아니며, 또 이들에 의해서 자극을 받아 마노-의식이 의식하는 기억, 추억 혹은 공상 같은 것들도 전혀 아니다. 이런 것은 제4쟈아나에서 이미 다 없어졌다.

이 경지에서 마노-의식이 의식하는 '것들'은 일상에서 다섯 감각 기관과 마노를 통해서 경험하는 것과 전혀 다르고 우리가 보통 말하는 '현실 세계'와는 무관한, 완전히 의식 안에서 조작된 것들이다. 마노-의식 안에서 이 모든 것들이 어떤 것들은 가깝게 의식되고 어떤 것은 멀게 의식되고, 내 안에 온 우주의 모든 것이 들어있다는 인식이 일어난다. 이 의식 상태에 집착하고 이 경지에 있기를 좋아하는 사람들은 '편재병偏在病'에 걸리기 쉽다. 즉 어디든지 나타난다는 것이다. 갑자기 여기에 나타나고 홀연히 저기도 나타나고, 온 우주가 자기의 독무대가 되어버린다.

여기에서 여섯 감각 중의 하나인 '마노'에 대해서 좀 더 언급할 필요가 있다. 고타마는 우리 삭까야가 가지고 있는 다섯 감각 기관인 눈·귀·코·혀·신체 이외에 또 하나의 감각 기관 '마노'라는 것을 추가하여 여섯 감각 기관이 있다고 했다. 고타마가 천재가 아니면 이러한 발상은 불가능하다고 나는 믿는다. '마노'라는 감각 기관은, 말하자면 이런 것이다.

여름 논밭에서 아침 내내 농사일을 하다가 점심때가 되니 배가 몹시 고파왔다. 때마침 아낙네들이 점심을 가지고 왔다. 거기에 얼큰한 열무김치가 있다. 푸르스레한 김치와 불그스름한 김치 국물, 그 새콤한 냄새. 그 열무김치의 시원한 맛은 정말 기가 찰 일이다.

세월이 지나서 나는 영국 런던에서 근무한 지 벌써 6개월이 넘었다. 아침이고 낮이고 나는 저 닝닝한 영국 음식을 먹고 지냈는데, 어느 여름날 템스강가의 카페에서 맥주를 한 잔 마시면서 우두커니 앉아 있었다. 나도 모르게 내가 젊었을 때 지냈던 고향 '생각'에 잠겨 있었다. 우리 집, 우리 집 개, 엄마, 여동생 얼굴, 동네 친구들, 이웃들, 그리고 밭에서 일할 때 먹었던 저 열무김치가 생각났다. 푸르스레한 열무김치, 불그스름한 김치 국물, 그 냄새, 씹을 때의 입안의 촉감과 맛. 갑자기 옆자리에 앉아 있는 영국인 숙녀가 미소를 띤 채 나한테 종이 냅킨을 내밀며, "입 닦으시지요" 한다. 깜짝 놀라서 보니, 아이고! 나는 진짜 내 입에서 침을 흘리고 있었다!

내가 옛날에 고향집 논밭에서 보았던 그 열무김치를 내 눈으로 지금 여기서 보았고, 그 냄새를 내 코로 지금 여기서 맡았고, 그 촉감을 내 입안의 피부로 지금 여기서 느꼈고, 그 맛을 내 혀로 지금 여기서 맛봤고, 아낙네들이 점심 먹으라는 목소리를 내 귀로 지금 여기서 들었다. 다섯 감각 기관 모두를 통해 이런 것들을 지금 여기에서 의식한 것이다. 나에게 지금 런던의 템스강가의 카페에 앉아서 그 아낙네들의 소리를 듣게 하고, 열무김치의 색깔을 보고 냄새를 맡고 맛을 보고 입안 피부로 그 시원한 촉감을 느끼게 하는, 입에서 침까지 흐르게 하는 그 열무김치의 모든 것을 무엇이 감각하는가? 고타마는 이런 것을 감각하는 감각 기관이 반드시 있다고 보고, 그 감각 기관을 '마노'라고 명명했다.

우리는 또 이런저런 생각을 한다. 무슨 생각이 떠오르면, 그것을 우선 '무엇'이 감각해야 된다. 이것을 감각하는 것도 '마노'라고 고타마는 말한다. 그는 감각 기관으로 들어오는 것을 '감각 대상'이라 하고, 감각 기관으로 들어오는 대상을 의식하는 의식을 '감각 기관 의식'이라고 했다.

예를 들면, 눈으로 들어오는 대상은 파장이 4,000옹스트롬부터 8,000옹스트롬의 전자파이다. 이것이 눈으로 들어와 전자 충격파로 시신경망을 거쳐서 뇌로 가서 1,000억에서 1,300억 개나 되는 뇌세포와, 이 뇌세포의 하나하나에 1000개에서 10,000개에 이르는 시냅스를 통과하면서, 율동하는 전자장의 호수가 된다. 이 율동하는 전자장을 눈-의식이 의식할 때 '색깔'이 나타난다. 현대식으로 말하자면 감각 기관은 '감각 기관+신경망+대뇌'이다.

음파는 어떠한가? 음파는 귀의 감각 대상이다. 음파가 귀의 고막을 두드리면 청신경의 전자 충격파로 변하고, 그것이 두뇌로 가서 전자장의 율동으로 변한다. 그 전자장의 율동을 귀-의식이 의식할 때 그 의식 안에서 처음으로 '소리'가 된다.

한편 마노는 어떨까? 마노의 대상, 즉 '것들'이 마노에 도달하면 전자 충격파로 변해서 마노 신경망을 거쳐 두뇌로 간다. 거기서 전자장의 율동으로 변하고, 그것을 마노-의식이 의식할 때 생각·영상, 즉 상념으로 나타난다. 그러면 이 마노라는 감각 기관은 우리 몸의 어디에 있을까? 어디에 있기는 있는데, 어디에 있는지 고타마가 언급한 기록은 없다. 그 당시의 고타마는 《마하사띠파타나 숫따Mahāsatipaṭṭhāna sutta(대념처경 大念處經)》에서 엿보이듯이 상당한 해부학적 지식을 지녔지만, 두뇌의 역할에 대한 상세한 언급은 하지 않았다.

두뇌에 대한 연구는 20세기에 들어와서 본격적으로 이루어지기 시작한다. 눈·귀·코·혀·신체는 모두 단백질로 만들어진 해부학적 장기이다. 그렇다면 이 마노도 단백질로 만들어진 해부학적 장기가 되어야 한다. 어떤 장기? 대뇌가 유일한 후보이다. 우리의 뇌는 여러 기능을 하고 있지만, 마노-대상을 감각하는 감각 기관의 역할도 한다고 보아야 한다. 이 감각 기관의 역할을 하는 대뇌의 일부 단백질 조직체를 '마노'라고 가정하고서 이를 도식으로 정리하면 다음과 같다.

마노-대상 ➔ 마노─(마노-신경망) ➔ 뇌─(전자장의 율동) ➔ 마노-의식 ➔ (상념)

음파 ── ➔ 귀─(청신경망) ➔ 뇌─(전자장의 율동) ➔ 귀-의식 ➔ (소리)

전자파 ── ➔ 눈─(시신경망) ➔ 뇌─(전자장의 율동) ➔ 눈-의식 ➔ (색깔)

도표 5. 감각 기관과 의식

이렇게 무한 공간의 경지에서 일어나는 전자장의 율동을 마노가 의식한 것이 '우주에 있는 모든 것'의 내용이다. 우주 세계는 여섯 감각 기관에 의식된 것일 뿐이다. 지금 여기서는 여섯 감각 중에 다섯 감각은 작동하지 않고, 제4쟈아나를 거치면서 마지막 남은 마노의 통상적인 감각 활동도 다 가라앉아버렸다. 이 상태에서 마노가 감각하는 대상이 있다면, 그것이 우주의 전부이다. 다섯 감각 기관으로 들어오는 전자파는 하나도 없고 평상시의 마노로 인한 전자장의 율동도 없는 상태에서, 전자장은 지금까지 휴면상태에 있던, 뇌세포를 비롯한 신체세포의 DNA가 잠에서 깨어나 활동하기 시작하면서, 여러 전자파들을 발사하기 시작한 상태라고 가정해 보면 좋다. 그 결과, 무한 공간, 그러니까 우주의 모든 '것들'이 의식되기 시작하는 것이다.

여기서 잠깐 본론을 멈추고, 인간 삭까야의 신체구조와 의식이라고 하는 메카니즘에 대해, 일본의 쓰쿠바 대학 응용 생물학과 교수인 무라카미 가즈오村上和雄[13] 박사의 이야기를 한번 들어보자.

인간의 유전자는 우리 몸을 구성하는 60조 개 내지 100조 개의 각 세포 속에 존재하면서 각 세포의 개성을 만든다. 똑같은 세포에서 눈, 귀, 코, 혀, 입 등 서로 다른 기관들이 생겨나고, 그 기관들이 죽을 때까지 쉬지 않고 일할 수 있는 것도 유전자 덕분이다. 그리고 각 세포의 하나하나 안에 들어있는 잠재력은

---

[13] 무라카미 교수는 최근 강력한 노벨상 후보로 거론되고 있는 유전공학자로, 인류 역사상 처음으로 고혈압 발병 효소인 '레닌'의 유전자 해독에 성공하면서 일약 세계적인 과학자로 발돋움했다. 뿐만 아니라 벼의 게놈 해독에 중추적인 역할을 담당하는가 하면 40여 년간 DNA 연구의 최전선을 누벼온 과학자로 널리 알려져 있다.

우리의 상상을 초월한다. 육안으로는 확인조차 불가능한, 티끌보다 미세한 작은 유전자 속에 인간사의 모든 열쇠가 들어 있다 해도 과언이 아니다. 이 유전자가 활동하지 않으면 우리는 아무것도 할 수 없다. 심장 박동이 되지 않고, 혈액 순환도 불가능하고, 사물을 볼 수도 없고, 소리를 들을 수도 없고, 음식 맛도 느낄 수 없고, 다른 사람을 사랑할 수도 없다. 이러한 역할 모두가 DNA[14] 속에 존재하는 유전자 덕분이다.

인간의 게놈 지도는 지난 1990년에 시작해서 2003년에 99.8% 완성되었다. 게놈 지도란 인체의 각 세포의 23쌍 염색체에 들어 있는 약 30억여 개의 염기쌍의 배열 구조를 밝혀놓은 것이다. 염기 숫자는 30억 7,000만 개, 여기에 유전자는 2만 5천 개에서 3만 2천 개로 밝혀졌다. 그래서 인간의 신체 정보는 23쌍의 염색체를 구성하는 DNA에 담겨 있다는 것이다.

여기에서 독자들은 이 과학자의 의미심장한 말에 주의를 기울일 필요가 있다. 그것은 예컨대 조물주가 인간의 유전자 속에 100가지 능력을 점지했다면 인간은 고작 3~5가지밖에 쓰지 못하고 있다는 것이다. 그리고 보통 사람보다 뛰어난 재

---

14   DNA는 당과 인산이라는 간단한 구조의 물질이 서로 교차하는 2개의 긴 사슬처럼 생겼다. 이 두 개의 사슬에는 4개의 염기(A.T.C.G)로 이루어진 유전자 정보가 암호로 기록되어 있는데, 그 내용이 바로 생명활동의 열쇠를 쥐고 있는 단백질 설계도이다. 결국 DNA는 넓은 의미의 유전자로서 생명활동의 전 과정에 관여한다.

능과 능력을 가진 세계적인 천재들도 기껏해야 9~10개 정도를 사용할 뿐이라고 한다. 다시 말하면 보통 사람의 유전자는 95~97%가 휴면상태에 있고, 탁월한 재능과 능력을 가진 세계적인 천재들도 90%의 유전자가 휴면상태라는 것이다.

이 과학자는 이렇게도 말한다. "인간 세상의 과학이 아무리 발전해도 마음의 힘은 따라잡을 수가 없다. DNA의 변화를 좌우하는 가장 큰 힘은 마음이다. 결국 생명 공학의 발전은 마음의 위대함을 입증해가는 과정이다. 그리고 지구상에 살고 있는 70억 명의 세포 속에 들어 있는 모든 유전자 정보를 다 모아도 쌀 한 톨의 무게에 지나지 않는다. 이것만 봐도 유전자의 세계가 얼마나 광활하면서도 미세한지 짐작할 수 있을 것이다."(무라카미 가즈오,《성공하는 DNA 실패하는 DNA》, 명진출판, 2005)

앞장에서도 의상 스님의 〈법성게〉를 인용했지만, 〈법성게〉에서 밝혀 놓은 '일미진중함시방一微塵中舍十方'이라는 구절처럼 참으로 "한 티끌 안에 온 우주가 다 들어있다"는 말을 다시 한 번 되새겨볼 일이다.

인간 삭까야를 이러한 과학적 논리로 접근하다 보니 재능이 탁월하고 명석한 인도 갑돌이는 자신의 DNA에 존재하는 유전자를 몇 퍼센트나 사용하고 있기에 삼계三界, 즉 욕계, 색계, 무색계를 저렇게 종횡무진으로 활보하고 있을까 하는 강한 의구심이 일어난다.

다시 본론으로 돌아가서, 그렇다면 이 '무한 공간의 경지[공무변처空無邊處]'가 안정되고 불변하는 '나'라고 할 만한 것인가? 고타마는 이 경지 뒤의 더 깊은 곳에 혹시나 또 다른 무엇이 더 있을까 하여 마노-의식을 더 닦고 조율해서 더 깊이 들어갔다. 그러자 이 '무한 공간'의 경지가 사라지고 마노-의식은 '무한 의식[식무변처識無邊處]'을 감각하게 되었다. 이 말은 '무한 공간'에서 인식되었던 공간 의식, 즉 '거리 의식'이 없어졌다는 것이다.

이 경지에서는 '여기' '저기'가 없고 '가깝다' '멀다'가 없다. 그냥 의식하고 있을 따름이다. 무한 공간 안에 가득 차 있는 것들이 똑같은 농도로 의식된다는 것이다. 다시 말하자면, 뇌의 모든 세포가 불꽃 튀듯이 동시에 같은 강도로 전자파를 발사함으로써, 오만 곳이 부글부글 달아오르는 전자장의 율동을 마노-의식은 하나도 놓치지 않고 똑같이 의식한다는 것이다. 가깝다거나 멀다는 공간 의식이 없어져, 모든 것을 마노-의식은 똑같이 의식한다. 그러므로 의식은 무한하다. 즉 '무한 의식'이라는 인식이 일어나는 것이다. 이 무한 의식의 경지도 적당한 사마타 명상을 통해서 직접 들어갈 수 있다.

그러면 이 '무한 의식의 경지'가 안정되고 불변하는 '나'라고 할 만한 것인가? 고타마는 마노-의식을 더 닦아서 이 경지 뒤의 더 깊은 곳에 마노가 감각할 수 있는 것이 있는가를 찾기 위해 노력했다. 그랬더니 아니나 다를까, 이 '무한 의식의 경지'

가 사라지고, 옛날 알라라 깔라마 스승으로부터 터득한 '아무것도 없음[무소유처無所有處]'의 경지에 들어갔다. '무한 의식의 경지'에서 의식되던 우주의 모든 것들이 의식에서 전부 사라지고 아무것도 의식되지 않는 것이다. '아무것도 없음'의 인식이 일어난 것이다. 불꽃같이 타오르던 뇌 세포가 이제 에너지를 다 소모하고 전부 꺼져버린 상태. 마노-감각 기관에 들어오는 것은 아무것도 없다. 그래서 마노-의식은 아무것도 의식하지 못하고 있다. 그러므로 아무것도 없는 것이다.

고타마가 그랬듯이 이 경지도 직접 들어갈 수 있다. 웬만한 만트라 명상으로도 여기에는 쉽게 들어갈 수 있다. 이 경지는 우리에게 말할 수 없는 고요와 평화를 가져다준다. 고타마가 말하는 '행복'을 절실히 느낄 것이다. 그러나 이 경지에 들어가서 안주하는 사람은 흔히 깨달음에 도달했다고 착각하는 '도인 병'에 걸리기 쉽다. 이런 도인 병에 걸린 사람들은 '무' '없다'라는 말을 많이 쓴다. "오고감도 없고 오고감이 없는 것도 없다" 혹은 "모든 것은 허망하고 허망함도 허망하다" 등등. 후에 고타마는 여기에 잠기면 "돌이킬 수 없는 참변이다"라고 누누이 경고했다.

고타마는 이것도 '나'라고 할 만한 것이 아니라는 것을 알고 있었다. 그는 마노-의식을 더 채찍질했다. 그랬더니 옛날 경험했던 '인식도-아니고-비인식도-아님[비상비비상처 非想非非想處]'의 경지에 들어갔다.

인식은 감각 기관으로 들어오는 대상을 감각 의식이 의식하는 순간 번개같이 일어난다. 내가 우리 집 앞으로 다가오니까, 우리 집 개가 꼬리를 흔들고 나에게 달려온다. 개는 자기 눈으로 들어오는 전자파를 자기 눈-의식으로 의식하면서 변화하는 색깔들의 뭉치를 의식한다. 율동하는 특정한 색깔 뭉치를 나한테 음식을 주는 정다운 '개-친구'라고 알아차린다. 이처럼 '뭔지 알아차리는 것'을 '인식'이라고 한다.

일차적으로 감각 기관이 자극되고, 그 자극으로 전자 충격파가 일어나고, 그것이 신경망을 통하여 뇌에 가서 율동하는 전자장이 되고, 그것을 감각 의식이 의식할 때, 처음으로 어떤 것이 '있다'는 인식이 일어난다. '그것은 무엇이다' 하는 것이 바로 '인식'이다. '무엇인지 모르겠다!'도 인식이다. 이 일은 의식이 하는 것이다. 감각 기관으로 들어오는 대상을 의식하면 인식은 필연적으로 일어난다. 그러나 인식 자체가 안 일어나면 세계를 알 수가 없게 된다.

'아무-것도-없음의 경지'에서는 적어도 '아무것도 없다'라는 인식은 있다. 그러나 이 '인식도-아니고-비인식도-아님의 경지'에서는 이 '아무것도 없다'는 인식마저 무너진다. 그렇다고 또 다른 인식이 일어나는가 하면, 그렇지도 않다. 감각 없이 인식하려고 하니까 인식되지 않는 것이다. 어느 의미에서 인식이 '인식' 그 자체를 인식하려고 하지만 그렇게 되지 않는 것과 같다. 의식에서 일어나는 것에 어떠한 '대표성'도 없어진 상태라고 할까? 뇌세포 에너지의 완전 연소로 말미암아 뇌세포의 회로가 모든 곳에서 절단된 상태이다. 이 경지에 집착하고 안주해 있으면 흔히 말하는 도인 '스키조이드schizoid'가 된다. 도인 병에 걸린 이, 정신분열증에 빠진 사람, 현실 생활에 적응 불가능한 사람이 된다.

　고타마는 여기서 더 나아가 자기 스승들은 상상도 하지 못했던 일을 해냈다. 즉, 이 뒤에 혹시나 다른 무엇이 있는가 하고 마노-의식을 더욱 밀어붙였다. 그랬더니 '인식도-아니고-비인식도-아님의 경지'에서 까물까물하던 인식 활동과, 그 뒤에 작용하는 의식의 느낌 활동 자체가 완전히 사라져버렸다. 마노의 감각 대상도 없고 그것에 뒤따르는 인식과 느낌이 아예 없어졌다. 마노 활동 자체가 멈췄다. 삭까야의 언어 활동도 없고, 신체 활동도 없고, 이제 마음, 즉 정신의 활동도 없어졌다. 삭까야는 기능적으로 '죽었다'. 생물학적으로 죽은 것은 아니다. 몸에는 열기가 있고 심장은 박동하고 있다. 그러나 여섯 감각 기관은 전혀 작동하지 않고 의식은 완전히 가라앉았다. 몸은 죽지 않은 단백질 덩어리일 뿐이다. 이것을 '상수멸진정想受滅盡定', 즉 '인식과 느낌이 완전히 꺼진 상태'라고 한다.

• 제4단계: 정신 활동이 없는 삭까야

이 상태의 다섯-스칸다는 어떤 삭까야일까? 세계가 없어졌다. 절대 무다. 고타마는 마노-의식을 끝까지 밀어붙여 나아갔고, 그 막다른 골목은 삭까야의 기능적 죽음, 세계의 상실, 절대 무, 절대 고요였다. 이것을 고타마는 최고의 평온이요 최고의 '행복'이라고 한다. 마치 전신 마취를 받고 완전히 무의식 상태에서 수술을 받는 환자의 의식 세계에 비유할 수 있다. 환자는 생물학적으로 살아 있으며 뇌사하지 않았다. 심장의 박동도 있다. 그러나 신체에 칼질을 하더라도 그의 감각 기관은 감각을 못한다. 그에게는 아무런 색깔도 소리도 냄새도 맛도 촉감도 생각도 없다. 아무런 기억도 추억도 꿈도 없다. 불쾌하거나 유쾌한 느낌도 없다. 그에게는 원수도 없고 친구도 없고 달도 없고 별도 없고 해도 없다. 이것이야말로 삭까야가 지향하는 최고의 '행복'이 아니고 무얼까?

고타마 시대는 전신 마취가 없었다. 그러나 오늘날에는 전신 마취를 통해서 '인식과 느낌이 중지된 상태'를 시뮬레이션할 수 있다. 전신 마취에서 깨어난 환자한테 "너 수술 받을 때 어떻더냐?"라고 물으면 그는 뭐라고 대답할까? "몰라. 사실, 수술 받는 동안 나는 수술 받는지도 몰랐고, 얼마 동안 수술 받았는지도 몰랐고, 수술 받는지도 모르는 그것도 몰랐어!" 그 마취

상태에서 그는 무슨 정보를 얻을 것이며 무슨 지식을 얻을 것인가? NOTHING!

"다음에, 오 사리푸트라! 이 비어 있음에는"이라고 할 때의 '다음에'란 무색계의 비어 있음에 진입한 것을 말한다. 색계의 정상頂上인 제4쟈아나의 마노-의식은 하단계의 무색계로 전환한다.

마노-의식에 먼저 나타난 것은 무한 공간의 경지였다. 그런데 이것이 과연 실체인가? 얼마 안 가서 그것은 없어졌다. 무한 공간이 비워졌다. 그것은 불안정하고 무상하다. 다음 '무한 의식의 경지'가 나타났다. 이것이 실체인가? 얼마 안 가서 그것도 없어졌다. 비워졌다. 그것도 불안정하고 무상하다. 그다음 '아무-것도-없음의 경지'가 나타났다. 그다음 '인식도-아니고-비인식도-아님의 경지'가 나타났다. 다 비워졌다. 마지막 나타난 것이 '인식과 느낌의 중지'였다.

삼계에서 실체를 찾으려면 마노의 대상이 있어야 하는데, 언어 활동·신체 활동뿐만 아니라 정신 활동까지 멈추었다. 삭까야는 기능적으로 죽었다. 그렇다면, 이 '죽음'이 실체인가? '나'라고 할 만한 것인가? 그러나 이 마지막 '죽은' 상태도 불안정하고 무상했다. 그 상태에서 무색계로 다시 돌아왔다. 그런데 무색계도 비어 있음의 세계이다.

그러면 무색계의 마지막 단계인 '인식도-아니고-비인식도-아님의 경지', 즉 '마음이 무너지는' 단계에서 '인식과 느낌이 중지'되는 '기능적 죽음'의 상태로 전이하는 과정은 어떠할까? 또한 기능적 죽음의 내면과 다시 그것으로부터의 탈출 과정은 어떠할까? 고타마의 제자 까마부 존자와 재가자 찟따 장자와의 대화를 들어보자.

나는 이와 같이 들었다. 한때 까마부 존자는 맛치까산다에서 망고원림에 머물렀다. 그때 찟따 장자가 까마부 존자에게 절을 올리고 한 곁에 앉았다. 한 곁에 앉은 찟따 장자는 까마부 존자에게 이렇게 말했다.

"존자시여, 얼마나 많은 작용[행行]이 있습니까?"

"장자여, 세 가지 작용이 있으니 몸의 작용[신행身行], 말의 작용[구행口行], 마음의 작용[의행意行]입니다."

"존자시여, 그러면 얼마나 많은 몸의 작용이 있고, 얼마나 많은 말의 작용이 있고, 얼마나 많은 마음의 작용이 있습니까?"

"장자여, 들숨 날숨은 몸의 작용이고, 일으킨 생각과 지속적 고찰은 말의 작용이고, 느낌과 인식은 마음의 작용입니다."

"감사합니다, 존자시여"라고 찟따 장자는 까마부 존자의 말에 기뻐하고 감사드린 뒤 까마부 존자에게 계속해서 질문을 하였다.

"존자시여, 그러면 왜 들숨 날숨은 몸의 작용입니까? 왜 일으킨 생각과 지속적 고찰이 말의 작용입니까? 왜 느낌과 인식은 마음의 작용입니까?"

"장자여, 들숨 날숨은 몸에 속하는 것이고, 이런 법들은 몸에 묶여 있습니다. 그래서 들숨 날숨은 몸의 작용입니다. 장자여, 먼저 생각을 일으키고 지속적으로 고찰하고 뒤에 말을 터뜨립니다. 그래서 일으킨 생각과 지속적 고찰은 말의 작용입니다. 느낌과 인식은 마음에 속하는 것이고, 이런 법들은 마음에 묶여 있습니다. 그래서 느낌과 인식은 마음의 작용입니다."

"감사합니다. 존자시여."…

"존자시여, 그러면 어떻게 인식과 느낌의 그침[상수멸想受滅]에 듭니까?"

"장자여, 비구가 상수멸에 들 때 '나는 상수멸에 들 것이다'라거나 '나는 상수멸에 들고 있다'라거나, '나는 상수멸에 이미 들었다'라는 생각이 나지 않습니다. 그렇지만 상수멸에 들기 전에 그렇게 마음을 닦은 것이 그를 그대로 인도하는 것입니다."

"감사합니다. 존자시여."…

"존자시여, 그러면 비구가 상수멸에 들 때 어떤 법들이 먼저 소멸합니까? 몸의 작용입니까, 아니면 말의 작용입니까, 아니면 마음의 작용입니까?"

"장자여, 비구가 상수멸에 들 때 먼저 말의 작용이 소멸하고, 그
다음이 몸의 작용이고, 그다음이 마음의 작용입니다."
"감사합니다. 존자시여."…

"존자시여, 그러면 죽어서 임종한 사람과 상수멸에 든 비구의
차이점은 무엇입니까?"
"장자여, 죽어서 임종한 사람은 몸의 작용이 소멸하여 가라앉
아버렸고, 말의 작용이 소멸하여 가라앉아버렸고, 마음의 작용
이 소멸하여 가라앉아버렸으며, 목숨이 다했고 온기도 다해버
렸고 감각 기능들이 완전히 부서져버렸습니다. 장자여, 그러나
상수멸에 든 비구는 마음의 작용이 소멸하여 가라앉아버렸고,
몸의 작용이 소멸하여 가라앉아버렸고, 말의 작용이 소멸하여
가라앉아버렸지만 목숨은 다하지 않았고 온기도 다하지 않았
고 감각 기능들은 맑고 깨끗합니다. 장자여, 이것이 죽어서 임
종한 사람과 상수멸에 든 비구의 차이점입니다."
"감사합니다. 존자시여."…

"존자시여, 그러면 어떻게 상수멸에서 출정합니까?"
"장자여, 비구가 상수멸에서 출정할 때 '나는 상수멸에서 출정
할 것이다'라거나 '나는 상수멸에서 출정하고 있다'라거나 '나
는 상수멸에서 이미 출정하였다'라는 생각이 나지 않습니다.

그렇지만 상수멸에 들기 전에 그렇게 마음을 닦은 것이 그를 그대로 인도하는 것입니다."

"감사합니다. 존자시여."…

"존자시여, 그러면 비구가 상수멸에서 출정할 때 어떤 법들이 먼저 일어납니까? 몸의 작용입니까, 아니면 말의 작용입니까, 아니면 마음의 작용입니까?"

"장자여, 비구가 상수멸에서 출정할 때 먼저 마음, 즉 정신의 작용이 일어나고 그다음이 몸의 작용이고 그다음이 말의 작용입니다."

"감사합니다. 존자시여."…

"존자시여, 그러면 상수멸로부터 출정하는 비구는 얼마나 많은 감각 접촉[촉觸]과 닿게 됩니까?"

"장자여, 상수멸로부터 출정하는 비구는 세 가지 감각 접촉과 닿게 됩니다. 그것은 공한 감각 접촉과 표상 없는 감각 접촉과 원함 없는 감각 접촉입니다."

"감사합니다. 존자시여."…

"존자시여, 그러면 상수멸로부터 출정하는 비구의 마음은 무엇으로 기울고 무엇에 기대고 향합니까?"

"장자여, 상수멸로부터 출정하는 비구의 마음은 멀리 여읨으로 기울고 멀리 여읨에 기대고 멀리 여읨을 향합니다."

"감사합니다. 존자시여"라고 찟따 장자는 까마부 존자의 말에 기뻐하고 감사드린 뒤 까마부 존자에게 계속해서 질문을 하였다.

"존자시여, 그러면 상수멸을 증득하기 위해서는 얼마나 많은 법들의 큰 도움이 있어야 합니까?"

"장자여, 그대는 처음에 질문했어야 할 것을 뒤에 질문했습니다. 그렇지만 나는 설명하겠습니다. 장자여, 상수멸을 증득하기 위해서는 두 가지 법의 큰 도움이 있어야 합니다. 그것은 바로 사마타와 위빠사나입니다."

《상윳따니까야》41:6 (각묵스님 옮김,《상윳따니까야》권4, 초기불전연구원)

이와 같은 이야기는 앞의 제2부 제8장에서 이미 언급한 바 있는《맛지마니까야》제44장, 〈교리문답의 작은 경〉에서 비구니 담마딘나가 자신의 전남편 비싸카에게 교리를 설하는 내용과 일치한다.

인도 갑돌이는 제4쟈아나까지 왔다. 그리고 그 '다음에' 무색계로 진출했다. 그리고 그의 마노-의식이 이 무색계의 세계에서 혹시나 안정되고 불변하는 '나'라고 할 만한 실체가 있을까 찾아본다.

무색계에서 마노-의식에 처음 포착된 것이 '무한 공간의 경지'였다. 그리고 이것이 실체인 줄 알았다. 그러나 조금 있으니까, 이 안정되고 불변인 줄 알았던 '무한 공간의 경지'는 비워지고 없어졌다. 그 대신 '무한 의식의 경지'가 나타났다. 이것이 안정되고 불변하는 실체인 줄 알았는데, 조금 있으니 이것도 비워지고 없어졌다. 그 대신 '아무-것도-없음의 경지'가 나타났다. 이것이 실체인 줄 알았는데 이것도 비워지고 없어졌다. 그 대신 '인식도-아니고-비인식도-아님의 경지'가 나타났다. 이것이 실체인 줄 알았더니 얼마 안 가서 이것도 비워지고 없어졌다. 그 대신 다음에 온 것은 마노-의식 활동의 중지였다.

마노-의식 자체가 없어졌으니까 마노-의식이 무엇을 감각하고 인식하고 느끼는 것이 더 이상 불가능해졌다. 마노-의식을 가지고 실체를 찾는 작업은 실패이다. 아무런 '흔적'이 없다. 여섯 감각 영역이 완전히 가라앉아버렸다. 삭까야가 그냥 죽어버린 것이다. 이 삭까야가 기능적으로 완전히 '죽어버린' 상태에서 뭘 어떻게 하라는 말인가? 이 아무것도 없는 상태, 즉 '비어 있는' 상태에서 말이다.

'비어 있음'에는 인식도 없고 느낌도 없다. 여섯 감각 영역이 완전히 가라앉고 삭까야의 모든 활동이 멈춰진, 식물인간이 된 인도 갑돌이는 자신의 경험을 그와 같이 절규했던 것이다.

이상으로 고타마가 생각하고 있는 '비어 있음[공 空]'의 의미가 무엇인지 확실히 알게 된다. 여기서 잠시 《반야심경》의 핵심 내용인 '오온개공五蘊皆空', 즉 '무아無我'에 대해서 논리적으로 간단명료하게 설명하고 있는 세 종류의 경전을 소개하고자 한다.

① 〈욕탐경〉(S22:25)

비구들이여, 그대들은 물질에 대한 욕탐을 제거하라. 그러면 물질은 제거될 것이고, 그 뿌리가 잘릴 것이고, 줄기만 남은 야자수처럼 될 것이고, 존재하지 않게 될 것이고, 미래에 다시는 일어나지 않게끔 될 것이다. 비구들이여, 그대들은 느낌에 대한… 인식에 대한… 심리현상들에 대한… 알음알이에 대한 욕탐을 제거하라. 그러면 알음알이가 제거될 것이고, 그 뿌리가 잘릴 것이고, 줄기만 남은 야자수처럼 될 것이고, 존재하지 않게 될 것이고, 미래에 다시는 일어나지 않게끔 될 것이다.

② 〈무상경〉(S22:12)

비구들이여, '물질[색色]은 무상하고 느낌[수受]은 무상하고 인식[상想]은 무상하고 심리현상들[행行]은 무상하고 알음알이[식識]는 무상하다. 비구들이여, 이렇게 보는 잘 배운 성스러운 제자는 물질에 대해서도 염오하고 느낌에 대해서도 염오하고 인식에 대해서도 염오하고 심리현상들에 대해서도 염오하고 알음알이에 대해서도 염오한다. 염오하면서 탐욕이 빛바래고, 탐욕이 빛바래므로 해탈한다. 해탈하면 해탈했다는 지혜가 있다. 태어남은 다했다. 청정범행은 성취되었다. 할 일은 다해 마쳤다. 다시는 어떤 존재로도 오지 않을 것이다'라고 꿰뚫어 안다.

③ 〈흐름에 든 자 경〉(S22:109)
비구들이여, 취착의 대상이 되는 다섯 가지 무더기가 있다. 어떤 것이 다섯인가? 취착의 대상이 되는 물질의 무더기, 취착의 대상이 되는 느낌의 무더기, 취착의 대상이 되는 인식의 무더기, 취착의 대상이 되는 심리현상들의 무더기, 취착의 대상이 되는 알음알이의 무더기이다. 비구들이여 성스러운 제자가 이러한 취착의 대상이 되는 다섯 가지 무더기의 일어남과 사라짐과 달콤함과 위험함과 그것으로부터의 벗어남을 있는 그대로 꿰뚫어 알 때, 이를 일러 성스러운 제자는 흐름에 든 자여서 악처에 떨어지지 않는 법을 가졌고 해탈이 확실하며 완전한 깨달음으로 나아간다고 한다.

이어서 《맛지마니까야》 제13장, 〈공空〉품에서 고타마는 뭐라고 말하는지 직접 들어보자. 이 〈공空〉품(M121~130)에는 공空에 대한 짧은 경(M121)과 긴 경(M122)이 있는데, 여기서는 초기불전연구원 대림 스님이 《맛지마니까야》 〈해제〉에서 두 편(M121,

M122)에 대해 해설한 내용을 인용하여 대략 살펴보기로 하겠다.

〈공空에 대한 짧은 경〉(M121) 해설

본경(M121)은 아난다 존자가 "아난다여, 나는 요즘 자주 공에 들어 머문다"라는 세존의 말씀을 언급하자 이를 바탕으로 세존 께서 설하신 가르침이다. 주석서는 본경과 다음 경(M122)에서 의 공空을 "열반을 대상으로 한 공空한 과果의 증득"이라고 설 명하고 있다. 그러면 어떻게 해서 이러한 구경의 공의 경지를 증득할 것인가? 주석서를 참조하면 본경은 이것을 10가지 단계 로 설한다고 정리할 수 있다. 그것은 다음과 같다.

① 사람이라는 인식으로 마을이라는 인식을 물리침.
② 앞의 인식들을 물리치고 숲이라는 인식 하나만을 마음에 잡 도리함.
③ 같이하여 땅이라는 인식 하나만을 마음에 잡도리함.
④ 같이하여 공무변처라는 인식 하나만을 마음에 잡도리함.
⑤ 같이하여 식무변처라는 인식 하나만을 마음에 잡도리함.
⑥ 같이하여 무소유처라는 인식 하나만을 마음에 잡도리함.
⑦ 같이하여 비상비비상처라는 인식 하나만을 마음에 잡도리함.
⑧ 표상이 없는 마음의 삼매라는 인식 하나만을 마음에 잡도리함.
⑨ 표상이 없는 마음의 삼매를 통해 증득된 도로써 위빠사나를

물리침.

⑩ 지극히 청정한 구경의 위 없는 공을 보이심.

열 번째인 '지극히 청정한 구경의 위 없는 공'을 주석서는 '구경의 공의 경지(accanta-suññatā)'라고 표현하고 있다. 이 '지극히 청정한 구경의 위 없는 공'은 《맛지마니까야》 제2권, 〈교리문답의 긴 경〉(M43)에서 "확고부동한 마음의 해탈이야말로 탐욕이 공하고 성냄이 공하고 어리석음이 공합니다"라고 설명되고 있는 '마음의 해탈'에 배대할 수 있을 것이다. 주석서와 복주서는 이 경지를 아라한과의 증득이라고 설명한다.

여기서 보듯이 본경은 공의 경지를 체득하는 방법으로 4선禪 대신에 4처處, 즉 공무변처부터 비상비비상처를 강조한다. 4선은 색계에 배대되어 색계선이라 불리고 4처는 무색계에 배대되어 무색계선이라 불리는데, '공에 들어 머묾'이라는 표현이 본서 〈탁발음식의 청정 경〉(M151)§2 이하에도 나타나고 있으므로 참조하기 바란다.

〈공에 대한 긴 경(M122)〉 해설
초기불전에서 공을 설하는 대표적인 경이라 할 수 있는 본경과 앞의 경은 공의 경지를 증득하는 방법을 설하고 있다. 앞의 〈공에 대한 짧은 경〉(M121)은 무색계 4처를 강조하고 있지만 본경은 네 가지 선禪을 바탕으로 하여 좀 더 구체적인 수행방법을 통해서 공을 체득하고 과위를 증득하는 것을 여덟 가지 단계로 설명하고 있다. 그것을 정리해보면 다음과 같다.

① 먼저 본경은 대중생활을 떠나서 홀로 머물면서 수행하는 것을 강조한다.

② 공을 증득하기 위한 토대로 네 가지 선禪의 정형구를 설한다.

③ 이러한 네 가지 선을 바탕으로 안으로 자신의 오온에 대해서 공을 마음에 잡도리하고, 같은 방법으로 밖으로, 즉 남의 오온에 대해서 공을 마음에 잡도리하고, 안팎으로 함께 공을 마음에 잡도리하고, 다시 흔들림 없음(즉 무색계)을 마음에 잡도리한다.

④ 이를 바탕으로 마음이 경행으로 기울 경우의 대처법과,

⑤ 이야기로 기울 경우의 대처법과,

⑥ 사유로 기울 경우의 대처법과,

⑦ 자신에게 일어난 다섯 가닥 얽어매는 감각적 욕망을 반조함과,

⑧ 오취온의 일어남과 사라짐을 관찰함을 설한다.

여기서 공과 관련이 있는 수행은 ③에 해당한다. 여기서도 공은 '흔들림 없음', 즉 무색계와 연관되어 있다. 이러한 무색계의 증득을 바탕으로 ⑥~⑧에서 과위를 증득하는 구조로 본경은 전개되고 있다. 그리고 주석서는 이 가운데 '⑥사유로 기울 경우

에 대한 대처'를 예류과와 일래과의 증득에, '⑦다섯 가닥의 얽어매는 감각적 욕망에 대한 반조'를 불한과의 증득에, '⑧오취온의 일어남과 사라짐의 관찰'을 아라한과의 증득에 배대하여 설명하고 있다. 그리고 스승과 제자의 관계에 대해서 여러 가지를 설명하는 것으로 경은 마무리된다.

　본경의 전체에서 볼 때 공의 언급은 간단하게 나타난다. 그렇지만 경을 결집한 분들은 본경의 제목을 〈공空에 대한 긴 경〉으로 정하고 이것을 〈공에 대한 짧은 경〉 다음에 놓고 있는데, 공의 언급을 본경의 가장 큰 특징으로 파악하였기 때문일 것이다.

대림 스님,《맛지마니까야》〈해제〉, 초기불전연구원

본경에 대해서 좀 더 상세히 알고 싶은 분은《맛지마니까야》제13장, 〈공空〉품(M121~122)의 일독을 권한다.

　다음은 세존께서 학인 모가라자에게 공空을 관찰하라고 하신 말씀이다.

> "모가라자여, 항상 마음챙김을 확립하고, 실체를 고집하는 편견을 버리고 세상을 공空으로 관찰하십시오. 그러면 죽음을 넘어설 수가 있습니다. 이와 같이 세상을 관찰하는 님을 죽음의 왕은 보지 못합니다."

《숫따니빠따》1119경

무색계의
'비어 있음'

- 오 사리푸트라! 이 '비어 있음'에는

- 형색도 없고, 느낌도 없고, 인식도 없고, 심리현상도 없고, 의식도 없다.

- 눈, 귀, 코, 혀, 신체, 마노도 없다.

- 형색, 소리, 냄새, 맛, 촉감, 마노의 대상물도 없다.

- 눈의 영역도 없고 나아가 마노-의식의 영역도 없다.

- 무지도 없고 무지의 멸함도 없을뿐더러, 나아가 늙음도 죽음도 없고, 늙음과 죽음의 멸함도 없다.

- 고통도 원인도 멸함도 길도 없다.

- 알아낸 것은 아무것도 없다.

- 얻은 것도 없고 안 얻은 것도 없다.

당연하지 않은가! 여기에 무슨 설명이 필요한가! 고타마가 그렇게 어렵게 얻은, 고통에서 벗어나는 데 필요한 지식, 즉 프라즈냐가 이 '비어 있음'에는 없다고 인도 갑돌이가 우리에게 경고하고 있는 것이다. 인도 갑돌이는 무색계의 어떤 경지에 있든, 그곳에 잠겨 있는 한 절대로 깨어나지 못한다고 단언한다. "행복하겠지! 각종 신통력도 얻어지겠지! 그러나 못 깨어난다."

프라즈냐 파라미타는 이 무색계에 머무는 이상 불가능하다. 고타마도 "여기에 잠겨서 이것이 니르바나라고 착각하는 것은 돌이킬 수 없는 참변이다"라고 말했다. 예로부터, 고타마 명상법을 따르지 않는 대다수의 명상은 '통찰지'가 없는 '사마타'적인 명상이고, 그것들은 예외 없이 명상가를 무색계로 이끌고 간다는 것을 명심해야 할 것이다.

마지막 구절 "얻은 것도 없고 안 얻은 것도 없다"에 대해서 한마디 덧붙이고자 한다. 시공간時空間이라는 세계에서의 모든 개념은 이원성(duality)에 의존한다. 예컨대 '왼발'이라는 개념은 '오른발'이라는 개념 없이는 홀로 못 선다. '모자'라는 개념 또한 '모자 아닌 것'에 의존하여 그 의미를 확보한다. '왼-오른' 혹은 '모자-비모자'를 이원성이라고 한다. 나아가 '선善'이라든가 '믿음'이라든가 하는 개념들도 홀로 서는 개념이 아니라 '선-악' '믿음-의심' 등의 방식으로 이원성에 근거해 있다.

믿음이 이원성에 근거한 개념이란 것을 모르고 믿음을 강조하면 할수록 의심 또한 동등하게 강조되기 마련이다. 따라서 의심을 없애려면 믿음을 강조하지 말고 오히려 믿음을 없애버려야 한다. 그렇게 하면 믿음의 쌍둥이인 의심도 같이 없어진다.

'안 얻음'은 '얻음'의 단순 부정이 아니다. 인도 갑돌이는 '얻음'과 '안 얻음'을 '얻음-안 얻음'이라는 이원적 개념으로 보는 것이 아니다. 왼쪽이 없어지면 오른쪽도 없어지듯이, 얻음이 없으면 안 얻음도 없다는 사실을 말할 따름이다. 여기에서 그는 깨어나기 위한 지식을 얻느냐 마느냐 하는 것 자체마저 아무 의미가 없다는 것을 드러내고 있다.

그렇다면, 깨어나기 위해서는 인식과 느낌이 중지된 이 가사 상태에서도 뛰쳐나와야 한다. 그 상태에 오래 있다가 진짜 죽어버리면 낭패다. 어떻게 뛰쳐나올까? 까마부 존자와 재가인 찟따 장자의 대화를 다시 들어보자. (앞의 제12장 '이 비어있음'의 대화문에서 이어짐)

"존자시여, 설명을 참 잘해주는 것 같소. 그렇다면 인식과 느낌이 중지된 그런 상태에서 어떻게 벗어나올 수 있을까요?"

"형제 재가인, 이 상태에서 벗어나오는 데 있어서 '나는 벗어나올 것이다' '지금 벗어나온다' '나는 벗어나왔다' 따위의 생각을 한다고 해서 되는 것이 아니다. 그의 마음(마노-의식)이 평소에 잘 훈련이 되어 있으면, 저절로 벗어나오게 되어 있다."

여기서 찟따 장자는 그러다가 진짜 죽어버리면 어떻게 될지 염려했던 것 같다. 거기에 대해 까마부 존자는 그와 같은 상태에서 이따위 생각들이 일어난다는 것 그 자체가 난센스라고 대답하고 있다. 다만 까마부 존자는 수사적으로 그냥 그렇게 답했다고 할 수 있다.

"그의 마음이 평소에 잘 훈련되어 있으면"이라는 말은, '여덟 겹의 길을 걸으면서 고타마 명상법을 터득하고 있다면'이라는 뜻이다. 이것은 아주 중요한 말이다.

보통 우리는 우리 자신의 의식에 포로가 되어 있다. 우리 의식은 정신-형색(nāma-rūpa)과 상호 의존해 있으면서 감각하고 인식하고 느끼고 생각한다. 그러나 우리는 삭까야가 그렇게 하고 있는 것을 전혀 '안 깨닫고' 있다. 즉 사띠를 안 하고 있다. 다시 말하자면, 감각하고 인식하고 느끼는 그것에 잠겨 있다. 걸을 때 왼발-오른발이 움직이는 신체 감각을 전혀 안 깨닫는다. 말을 할 때도 입이 어떻게 움직이고 있는지, 무슨 소리를 그 입이 만들고 있는지 전혀 안 깨닫고 있다. 이런 식으로 우리는 생각에 '잠겨' 있다. 생각이 일어나고 사라지고 하는 것을 안 깨닫고 있으며 '객관적'으로 못 보고 있다. 무의식적으로 생각하고 말하고 행위 하는 의식 상태에 있다.

이 삭까야의 다섯-스칸다가 '나'가 아니라는 것을 알기 위해서는 그 삭까야를 관찰할 수 있는 도구가 필요하다. 완전히 기울지 않는, 중립적이고 흔들리지 않는 고도의 깨닫기가 계발되어야만 이 삭까야를 관찰할 수 있다. 고타마는 이러한 깨닫기의 계발을 명상 수행의 중심에 두었다.

그러나 대부분의 명상은 어떠한 대상에 삭까야의 의식을 집중시키는 소위 '사마타' 명상으로, 집중은 있어도 이 깨닫기는 없다. 고대 인도에는 다양한 종류의 명상법이 유행하고 있었는데, 그들 대부분은 사마타 명상이었다. 고타마도 다양한 사마타 명상을 시도해봤다는 흔적이 많다. 나중에 실제로 고타마는 초보 제자들을 '안정' 혹은 '진정'시키기 위해서 사마타 명상을 가르치기도 했다.

그러나 그곳에는 '알고 있는' 혹은 '보고 있는', 청강을 비추는 흔들리지 않는 훤한 '깨닫기(sati)'가 없다. 이 깨닫기, 즉 마음챙김이 상당한 수준으로 계발되면, 잠깬 의식 상태에서 행해지는 삭까야의 어떠한 활동도 다 깨닫게 되며, 꿈꾸는 의식 상태에서 마노-의식이 삭까야의 꿈을 감각할 때도 그것을 훤히 알게 된다. 이 깨닫고 있는 꿈을 영어로는 '훤한 꿈(Lucid Dream)'이라고도 부르는데, 고타마 명상법을 제대로 학습하면 이것을 경험하게 된다.

강력한 마음챙김, 즉 깨닫기가 있으면 무색계에서 마노-의식이 의식하는 어떠한 것에도 빠져들지 않고 그것들을 깨닫고 있게 된다. 마노-의식이 '무한 공간의 경지'에 있을 때는 사마타 명상의 경우와 달리, 그것에 '잠기지' 않고 다만 지금 이 삭까야가 이 '무한 공간'의 의식 상태에 있다고 깨닫는다. 그리고 그것이 항존하지 않고 비어 없어지면 그 비워짐을 깨닫게 된다.

'무한 의식의 경지'가 나타나면 나타나는 그것을 깨닫고, 또 그것이 '비면' 그 '비워짐'을 깨닫고, 또 '아무것도 없음의 경지'가 일어나면 그것을 깨닫는다. '인식도-아니고-비인식도-아님의 경지'의 '일어남'과 그것의 '비워짐'도 깨닫는다. 마침내 '인식과 느낌이 중지된 경지'로 들어가 여섯 감각 영역이 완전히 가라앉은 '죽은 상태'에 이 삭까야가 놓여 있을 때도 제4쟈나에서 성취한, 강력하고 흔들리지 않는 깨닫기로 그 상태를 깨닫는다.

많은 명상가들이 사마타 기법으로 무색계 의식 상태에 들어가서 그 어느 단계에 몰입하여, 마치 그것이 무슨 초월적 실재인 것처럼 착각하고 있다. 그러나 거기에는 고타마 명상에서 연마한 이 강력한 깨닫기, 즉 마음챙김이 없다.

'인식도-아니고-비인식도-아님'의 경지에서 마지막 '인식과 느낌이 중지된 경지'까지 나아간 것은 고타마의 위대한 공헌이다. 이 상태는 우리가 죽었을 때 겪는 완전 무지의 혼수상태일 것이다. 그러나 'Lucid Dream'과 같이, 고타마는 삭까야가 쿨쿨 깊은 잠을 자고 있는 것도 훤히 깨닫고 있다. 즉 여섯 감각-의식이 죽은 듯이 완전히 중지되어버린 상태를 훤히 깨닫고 있다. 이 연습이 잘 되어 있으면, 자신의 삭까야가 임종을 할 때도 혼수상태에서 죽지 않고, 그것이 마지막으로 무너지는 과정을 훤히 깨달을 수 있다. 이와 같이 강력한 깨닫기를 유지하는 것을 까마부 존자는 "평소에 마음을 잘 훈련해놓았다면…" 하고 표현한다. 계속 들어보자.

> "존자시여, 그런데 수행자가 거기서 벗어나오면 활동의 재 개시는 어떻게 됩니까?"
> "마음(정신) 활동이 먼저 일어나고, 그다음에 신체 활동, 그다음에 언어 활동이 일어난다."

인도 갑돌이도 평소에 마음을 잘 훈련해놓았으니까, 저절로 거기서 뛰쳐나왔다. 뛰쳐나왔다는 것은 이 '인식과 느낌의 중지의 경지'도 항존하는 것이 아니고 '비어 있음'이라는 것을 알게 되었다는 의미이다. 그런데 무색계를 헤매면서 이 '죽은' 상태의 막다른 끝에 잠겼는데, 그럼 거기에서 '어떻게' '어디로' 뛰쳐나왔단 말인가?

헤매다가 막다른 데 부딪혔다면, 그 헤맨 길을 되돌아올 수밖에 없다. 그렇다면 우선 가라앉은 마노-의식이 최소한도라도 있어야 움직일 수 있지 않는가? 그 최소한도의 경지가 어떤가? '인식과 느낌의 중지', 즉 마노-의식의 활동이 중지된 바로 직전의 '인식도-아니고-비인식도-아님의 경지'이다. 그렇기 때문에 우선 그곳으로 되돌아가야 한다.

계속해서 '인식과 느낌의 중지'로부터 다시 '인식도-아니고-비인식도-아님의 경지' '아무것도 없음의 경지' '무한 의식의 경지' 그리고 '무한 공간의 경지'까지. 이제 인도 갑돌이는 무색계의 '비어 있음'을 아래위로 드나들고 있다. 이제 이 완전히 비어 있는 무색계에서 뛰쳐나와야 한다. 어디로? 까마부 존자와 찟따 장자의 대화를 다시 들어보자.

"존자시여, 수행자가 그렇게 저절로 그 '죽은' 상태에서 나왔을 때 그가 처음으로 접촉하는 것은 어떤 것들이죠?"
"수행자가 그곳에서 나왔을 때 그는 세 가지 접촉을 한다. 즉 '비어 있음'과 '흔적 없음'과 '기울지 않음'의 세 접촉이다."

아하! 저 암흑의 '죽음'에서 살아 나오면서 정신 활동이 다시 시작되면 첫 번째로 의식된 것이 '비어 있음' '흔적 없음' 그리고 '기울지 않음'이구나! 이것은 바로 제4자아나를 성격 짓는, 인도 갑돌이가 두 번째 '여기에서는'에서 말하는 삼인조, 바로 그것이다.

무색계의 최후 경지인 '인식과 느낌의 중지'의 경지도 영원 불변하는 것이 아니다. 그것 또한 '비워져', 강력한 깨닫기(강력한 마음챙김 또는 강력한 sati)의 힘으로, 무색계로 여행하는 출발점인 제4쟈아나로 다시 돌아온 것이다.

제4쟈아나에서 여행의 도구로 준비하여 가지고 갔던 흔들리지 않는 '깨닫기'가 없었더라면, 여섯 감각 영역이 완전히 가라앉았을 때 그는 진짜 죽었을 것이다. 왜냐하면 보통 혼수상태에서 정신 활동이 가라앉아도 신체 활동, 즉 숨쉬기는 있다. 그러나 이 경지에서는 신체 활동이 먼저 꺼진 상태, 즉 숨쉬기조차 인식할 수 없는 상태이기 때문에, 스스로 빨리 나오지 않으면 자연사할 수 있는 위험이 뒤따른다. 경전에는 이와 같은 상수멸진정의 경지는 10개의 족쇄 가운데 5개의 족쇄를 끊은 '불환자(아나함anāgāmin)' 이상의 성자라야 가능하다고 되어 있다.

무색계를 헤매다가 아무런 소득 없이 빈손으로 제4쟈아나에 돌아온 인도 갑돌이는 어떤 마음 상태에 있을까? '흔들리지 않음'과 겨울 청강을 훤히 비추는 달빛과 같은 '깨닫기[마음챙김, sati]' 안에서 '기죽은' 마노-활동만 남아 있다. 못 깨어나고 있다. 실패이다. 다시 시작할 수밖에 없다. 그렇다면 빨리 제4쟈아나에서 제3쟈아나로 돌아가 신체 활동을 다시 일으켜라! 그리고 제2쟈아나로, 다시 제1쟈아나로 돌아가 언어 활동을 일으켜라! 그렇게 해서 색계를 벗어나 욕계의 현실 세계로 돌아왔다. 이제 그의 마음 상태는 어떤 것일까? 다시 까마부 존자의 말을 들어보자.

> "존자시여, 그러면 한마디만 더 물어보겠습니다. '인식과 느낌이 중지된 경지'에서 솟아 나온 사람의 마음 상태는 어떤 것일까요?"
> "장자여, 그의 마음은 '(삼계로부터) 떨어져 나옴'에 신경을 쓰게 되고, '떨어져 나옴'에 기울게 되고, '떨어져 나옴'에 쏠리게 됩니다."

전前 쟈아나는 욕계의 최고 의식 상태다. 제1쟈아나부터 제4쟈아나의 의식 상태를 고타마는 색계라고 명명했다. 욕계와 색계가 '비어 있음'이라는 것을 알았다. '무한 공간의 경지'부터 '인식도-아니고-비인식도-아님의 경지', 그리고 마지막 '상수멸진정想受滅盡定'의 경지까지를 포함에서 무색계라고 부르는데, 이 무색계도 '비어 있음'이란 것을 이제 알았다. 인도 갑돌이가 '비어 있음'이라고 할 때에는 무색계의 '비어 있음'도 포함된다. 고타마는 이 세 가지 의식 세계 전부를 합해서 삼계라고 했다. 삼계는 바로 시공간의 우주다. 그러므로 세계는 내 의식 안에 있다.

그런데 이 우주를 다 들춰봐도 그것은 단지 '비어 있음'이란 것을, 이제 인도 갑돌이는 고타마가 '반드시 그럴 것'이라고 가르친 그대로 알았다. 삼계, 즉 이 시공간의 우주에 '나'는 없다. '나'는 삼계에 속해 있지 않고 삼계의 일부도 아니다. 그럼 '나'는 어디에 있을까? '나의 고향'은 어디일까? 고향에 가기 위해서 나는 삼계의 시공간에서 '떨어져 나와야' 하는데 어떻게 하면 될까? 무색계에 갔다가 왔는데, '그다음' 나는 어떻게 해야 될까? 니르바나에 들어가기 위해서 '그다음' 무엇을 어떻게 해야 되나? 니르바나로 가는데 필요한 지식인 프라즈냐 파라미타를 어떻게 얻어야 되는가?

무색계에서 제4자아나로 돌아온 인도 갑돌이는 색계로 다시 뒷걸음치면서 제3, 제2, 제1, 그리고 전前 자아나로 내려갔다. 왜? 다시 시작하기 위해서! 왜? 고타마가 그렇게 했으니까! 고타마는 붓다가 된 후에도 계속해서 이러한 방식으로 프라즈냐 파라미타를 되풀이했다. 왜 계속 되풀이하느냐고 물으니, 〈두려움과 공포에 대한 경〉(M4)에서는 이렇게 대답했다.

"브라흐만이여!, 그대는 사문 고타마가 아직도 먼 숲 속의 암자나 나무로 덮여 있는 야외에 가서 계속 명상을 하는 것에 대해, 고타마가 아직까지 탐욕과 증오와 어리석음을 불식하는 데 실패했기 때문이라고 생각할지도 모른다. 그러나 그것은 잘못된 인식이다. 내가 먼 숲 속의 암자나 나무로 덮인 야외에 가서 계속 명상을 하는 것은 두 가지 이유가 있기 때문이다. 그 하나는 지금 여기 편안히 거할 곳을 '나'에게 배려해주기 위함이요, 다른 하나는 뒤따라오는 이들에게 자비를 베풀기 위해서다."

여기에 등장하는 '나'란 나의 전생까지를 다 본 '나', 시공간에 속해 있지 않은 영원불변한 '나', 깨어난 '나', '삭까야는 내가 아니다'라는 것을 알아낸 그 '나'를 가리킨다. 고타마는 깨달음의 세 가지 과학인 숙명통, 천안통, 누진통을 통해 이를 계속 재확인하고 있었다.

　한편 뒤따라오는 이들에게 자비를 베푼다는 것에 대해서는 이렇게 말한다.

　가정을 가진 젊은이들이 신심을 가지고 집을 나와서, 존귀한 자가 숲 속에 거주하고 있는 것을 볼 때, 그들은 만일 무언가 더 알아야 할 것이 없다면, 무언가 제거해버릴 것이 없다면, 무언가 개발할 것이 없다면, 무언가 체득할 것이 없다면, '존귀한 자가 숲 속의 생활을 강행하지 않을 것이다'라고 생각할 것이다. 그러면 그들도 숲 속에 와서 살지 않을까? 그리고 그들은 자신들도 존귀한 자처럼 숲 속에서 명상 생활을 하려고 할 것이다. 이렇게 되면 그들도 어느 사이 고통의 끝을 매듭지을 것이다.

이러한 언급은 12연기를 연상시킨다. 주지하는 대로 생사의 비밀을 설명하는 부처님 가르침은 열두 고리 사슬의 연기법이다. 그 단초는 근원적 무명無明이다. 무명에서 행行, 식識을 거쳐 생生, 노사老死에 이르는 과정이 생명의 전변과정이다. 그러나 실제 수행에 있어서 이 12연기에 대한 역관逆觀이 필요하다. 우리는 왜 죽는가? 태어났기 때문에[생生]. 그러면 왜 태어나는가? 무명 때문이다. 따라서 무명을 극복하면 나고 죽는 윤회가 끝난다는 결론에 이르게 되지 않는가.

고타마의
'깨달음의
세 가지 과학'

고타마는 마지막 열반의 순간에도 프라즈냐 파라미타를 행하고 있었다. 고타마 붓다가 프라즈냐 파라미타를 행하면서 빠리니르바나parinirvāṇa, 즉 구경열반究竟涅槃에 들어가는 저 감동스러운 장면을 아난다는 〈마하빠리닛빠나 숫따〉(D16)에서 이렇게 전한다.

> 그 뒤 존귀한 자는 제1쟈아나에 들어갔다. 거기서 나온 그는 제2, 제3, 제4쟈아나에 들어갔다. 그다음 그는 '무한 공간의 경지'에 들어갔다. 그다음 '무한 의식의 경지', 그다음 '아무것도 없음의 경지', 그다음 '인식도-아니고-비인식도-아님의 경지', 그리고 그곳을 떠나 '인식과 느낌의 중지'를 이루었다. 이때 고귀한 아난다가 고귀한 아누룻다에게 말하기를, "고귀한 아누룻

다, 존귀한 자는 돌아가셨습니다.""아니다, 친구 아난다! 존귀한 자는 아직 돌아가시지 않았다. 그는 단지 인식과 느낌의 중지를 이루었을 뿐이다." 그다음 존귀한 자는 그곳에서 나와 '인식도-아니고-비인식도-아님의 경지'에 들어갔다. 그다음 '아무것도 없음의 경지', 그다음 '무한 의식의 경지', 그다음 '무한 공간의 경지'를 거쳐, 제4쟈아나로 돌아왔다. 그곳에서 제3, 제2, 그리고 제1쟈아나로……. 존귀한 자는 제1쟈아나에서 다시 제2, 제3, 그리고 마침내 제4쟈아나에 들어갔다. 그곳에서 그는 완전 열반[구경열반究竟涅槃]에 드셨다.

아난다는 당시 아직 깨달음을 얻지 못하고 있었다. 그래서 그는 깨닫지 못한 보통의 사람처럼 '인식과 느낌의 중지'를 죽음으로밖에 이해할 수 없었다. 그러나 아누룻다는 깨달은 자이고, 이 경지를 알고 있었기 때문에 상황을 정확하게 파악하고 있었던 것이다.

다시 한번 언급하자면, 고타마는 고통에서 벗어날 수 있는 지식, 즉 프라즈냐를 얻기 위해서 혹독한 고행을 5년 넘게 했다. 그가 겪었던 두려움과 공포, 그리고 마지막 승리는 저 유명한 〈두려움과 공포에 대한 경〉(M4)에서 묘사된다. 그는 과거의 숱한 고행 여정에서 겪었던 두려움과 공포를 기술한 뒤 마침내 얻은 승리를 이렇게 기술하고 있다.

나는 활기찬 에너지를 모아 일으켰다. 브라흐만, 혼탁하지 않은 깨닫기는 더욱더 강화되었다. 내 몸은 고요해졌고, 내 마음도 고요하고 오고감이 없이 안정되고 한 곳에 집중되어 있었다. 브라흐만, 그리하여 나는 감각적 쾌락으로부터 초연해지고, 조율되지 않은 마음 상태로부터 초연해지면서 마침내 제1쟈아나에 들어갔다. 이 제1쟈아나에서는 사유하고 숙고하는 잡념들이 동반하고, 감각적 쾌락으로부터 초연해지면서 오는 희열과 행복이 있다. 사유하고 숙고하는 생각들을 가라앉히면서, 더더욱 진정되고 집중된 마음으로 나는 제2쟈아나에 들어갔다. 제2쟈아나에서는 사유하고 숙고하는 생각들은 없어지고 집중에서 오는 희열과 행복이 있다. 즐거움이 사라지면서, 나는 흔들리지 않고 주의 깊고 완전히 마음챙김하고 있으면서, 나는 고귀한 자들이 말하는 '깨닫고 있는 자는 기쁘다'라고 하는 그 희열과 행복을 경험했다. 그러면서 나는 희열이 사라지고 행복이 있는 제3쟈아나에 들어갔다. 다시 나는 행복을 제거하고 아픔도 제거하고 지나간 행복과 슬픔은 다 잊혀 없어지면서, 나는 제4쟈아나에 들어갔다. 여기에는 슬픔도 행복도 없고 흔들리지 않음과 깨닫기가 완전히 정화되어 있다.

이렇게 하여 (이 제4쟈아나에 머물면서) 마음[마노-의식]은 진정되어 있고, 대단히 정화되어 있고, 어떤 흠도 없고, 어떤 더러움도 없고, 유연하고, 쓸모 있고, 집중되어 있고, 움직임이 없었다.

나는 이 마음을 (무색계로 돌리지 않고) 나의 전생들에 대한 지식과 회상에 돌렸다. 나는 내 과거 생에 대해서 상기하기 시작했다. 이렇게 한 생, 두 생, 세 생, 네 생, 다섯 생…, 스무 생…, 서른 생…, 마흔 생…, 쉰 생…. 백…, 천…, 십만…, 세계가 많은 겁을 통해서 일어나고 무너지는 것을 되풀이하는 동안의 나의 전생들을 다 상기할 수 있었다. 그 전생의 나의 이름은 이렇고, 나의 가문은 이렇고, 저런 색깔을 가졌고, 이렇게 키워졌고, 이런 저런 기쁜 일 슬픈 일이 있었고, 그리고 나는 얼마동안 살았고…. 나는 거기서 죽고 여기서 태어나고, 이렇게 나는 나의 많은 전생을 상세히 상기할 수 있었다. 브라흐만, 이것이 초경, 즉 자정부터 새벽 2시에 내가 얻은 첫 번째 지식이다. 내가 부지런히, 열심히, 단호히 그렇게 있는 동안 무지는 타파되고 지식은 이루어졌다. 어둠은 멀어졌고 밝음은 일어났다.

〈두려움과 공포에 대한 경〉(M4)

이처럼 전생들을 마음으로 상기한다는 것은 시간을 거슬러 올라가면서 과거에 일어났던 것을 감각한다는 것이다. 이 능력을 '전생을 기억하는 지식(pubbenivāsānussatiñāṇa)' 혹은 '숙명통宿命通(pubbenivāsabhiññā)'이라고 한다.

　인도의 전통에 따르면, 외도外道의 수행자도 이런 능력을 갖춘 경우가 있지만, 그들에게는 '흔들리지 않은 깨닫기'가 없다.

고타마의 숙명통은 제4쟈아나의 흔들리지 않는 강렬한 깨달기 안에서 일어나는 마노-의식의 초월적 능력이라는 점에서 외도의 그것과 다르다. 전생을 기억하는 지식을 얻고 난 이후의 과정은 다음과 같다.

그런 다음, 마음은 진정되어 있고, 대단히 정화되어 있고, 어떤 흠도 없고, 어떤 더러움도 없고, 유연하고, 쓸모 있고, 집중되어 있고, 움직임이 없었다. 나는 이 마음을 존재들의 멸함과 일어남에 대한 지식에 돌렸다. 인간을 능가하는 정화된 신과 같은 투시력으로 나는 존재들이 여기서 멸하고 저기서 일어나는 것을 보았다. 나는 존재들이 자기들의 행위의 결과로 비천하고, 훌륭하고, 못 생기고, 추하고, 잘 되어가고, 잘못되어 가는 것을 알았다.

또 이렇게 알게 되었다. 괜찮은 존재들이, 신체적인 행위가 나쁘고 언어의 행위가 나쁘고 생각의 행위가 나쁘고 고귀한 자들을 모욕하고 잘못된 견해를 고집하고 그 잘못된 견해에 입각한 행위를 하는 자들은, 죽어서 육체가 부서질 때 불쌍한 상태에, 나쁜 곳에, 니란야 지옥에 떨어져 버린다. 그 대신, 괜찮은 존재들이, 신체적 행위가 좋고 언어의 행위가 좋고 생각의 행위가 좋고 올바른 견해를 견지하고 그 올바른 견해에 입각한 행위를 하는 자들은, 죽어서 육체가 부서질 때 좋은 곳에, 천상 세계에 태어난다.

브라흐만, 이것은 중경, 즉 새벽 2시부터 4시까지에 내가 얻은 두 번째 지식이다. 내가 부지런히, 열심히, 단호히 그렇게 있는 동안 무지는 타파되고 지식은 이루어졌다. 어둠은 멀어졌고 밝음은 일어났다.

그런 다음, 마음은 진정되어 있고, 대단히 정화되어 있고, 어떤 흠도 없고, 어떤 더러움도 없고, 유연하고, 쓸모 있고, 집중되어 있고, 움직임이 없었다. 나는 이 마음을 병독의 파괴에 대한 지식으로 돌렸다. 그리고 나는 있는 그대로의 실상을 알았다. 이것이 고통이고, 이것이 고통의 일어남이요, 이것이 고통의 멸함이요, 이것이 고통의 멸함을 이루는 길이다. 그리고 나는 있는 그대로의 실상을 알았다. 이것이 병독이요, 이것이 병독의 일어남이요, 이것이 병독의 멸함이요, 이것이 병독의 멸함을 이루는 길이다.

이렇게 알고 이렇게 보고, 내 마음은 감각으로부터 오는 쾌락의 병독에서 해방되고 태어나서 살려는 병독에서 해방되고 무지의 병독에서 해방되었다. 해방됨으로써 나는 지식을 얻었다. 나는 해방되었다. 또 나는 완전히 알았다. 다시 태어남은 파괴되었다. 브라흐마-수행은 이제 끝났다. 할 일은 다 완수했다. 이것이 나의 삭까야의 마지막 생이다.

브라흐만, 이것이 삼경, 즉 새벽 4시부터 아침 6시까지에 얻은 나의 세 번째 지식이다. 내가 부지런히, 열심히, 단호히 그렇게 있는 동안 무지는 타파되고 지식은 이루어졌다. 어둠은 사라졌고, 밝음은 일어났다. …

〈두려움과 공포에 대한 경〉(M4)

이것이 고타마의 프라즈냐 파라미타, 즉 지혜의 완성이다. 이 지식의 획득으로 인해서 고타마는 고통에서 벗어났다. 그는 깨어났다. 인용문에 언급된 '병독[누漏, āsava]'은 깨어나지 못하게 하는 여러 독 있는 영향을 말하고 있는데, 그 중 주된 것들은 관능적 욕구(kāmā), 존재(bhava), 잘못된 견해(diṭṭhi), 무지(avijjā)의 병독이다. 고타마의 세 가지 깨달음의 과학은 이와 같이 초경, 중경, 삼경에서 얻은 프라즈냐 파라미타를 지칭한다. 이렇게 해서 그는 '나'가 무엇인지 알았다.

수행자들아! 여기에 태어나지 않는, 생겨나지 않는, 만들어지지 않는, 그리고 조건 지어지지 않는 것이 있다. 만일 이 태어나지 않는, 생겨나지 않는, 만들어지지 않는, 그리고 조건 지어지지 않는 것이 없다면 태어나고, 생겨나고, 만들어지고, 조건 지어진 것들로부터의 도피는 불가능할 것이다. … 이렇기 때문에 고통으로부터의 종말은 가능한 것이다.

《우다나Udāna》8품 3

고타마가 알아낸 이 세 가지 지식을 필자는 '고타마의 세 과학 (Gotama's Three Sciences)'이라고 부른다. 한편 전통적으로는 이 것을 '아눗다라삼먁삼보디anuttara-samyak-sambodhi' 즉 '위 없는 완전한 참된 지혜'라고 한다.

'과학'이란 '증명을 통해서 안다'라는 뜻이다. 고타마는 명상 적 증명을 통해서 이 아눗다라삼먁삼보디를 얻었다. 그는 누구 든지, 어디에서든지, 언제든지, 똑같은 명상 방법을 사용하면 똑같은 경험을 할 것이라고 했다.

고타마가 알아낸 첫 번째 지식은 '나'의 초월성을 증명한다. '나'는 시공간이 아니라 비시공간에 있다. 그러나 나의 삭까야 는 시공간에 속해 있다. 나의 삭까야들은 생멸하지만 나는 불 변이다. 나는 태어나지 않고 죽지 않는다.

두 번째 지식은 초월적 존재인 '나'가 시공간의 삭까야와 관 계 짓는 '카르마의 법칙'이다.

세 번째 지식은 고통에서 벗어나는 방법, 즉 사성제의 고집 멸도를 통찰하고 사성제를 깨닫는 방법이다.

《우다나》제8품 1과 3에서 고타마가 말하듯이, 코스모스에는 시공간의 영역과 비시공간의 영역이 공존하고 있다. 1982년 프랑스 양자론 물리학자 알랭 아스페(Alain aspect)의 광자光子 실험은 간접적으로 비시공간의 영역이 있다는 것을 증명했다.

프라즈냐 파라미타

제4쟈아나까지 간 인도 갑돌이는 '다음에' 행복의 축적을 맛보기 위해서 무색계로 갔다. 그는 행복의 절정까지 갔지만, 고통에서 벗어나는 지식은 얻지 못하고, 다시 제4쟈아나로 돌아왔다. 인도 갑돌이는 무색계에서 빈손으로 돌아온 후, '다음에' 고타마처럼 니르바나로 향한다. 얻은 것이 없기 때문에, 그는 '다음에' 고타마처럼 새로운 길로 나아갔다.

그의 마음, 즉 마노-의식은 진정되어 있고, 대단히 정화되어 있고, 어떤 흠도 없고, 어떤 더러움도 없고, 유연하고, 쓸모 있고, 집중되어 있고, 움직임이 없었다. 그는 이 마음을, 무색계의 '행복'을 맛보기 위해서가 아니라, 고타마가 약속한 '고통에서 벗어나는 완전한 지식'을 얻기 위해, 고타마와 똑같은 방식을 쓰기로 작정한다. 그리고 그는 고타마의 세 과학을 얻는 데 성공한다. 이 세 과학이야말로 고통에서 벗어나는 것을 가능케 해주는 완성된 지식, 즉 '프라즈냐 파라미타'이며 지혜의 완성이다.

고타마는 이 프라즈냐 파라미타를 통해 '니르바나nirvāṇa'라는 절정에 도달할 수 있었고, 그래서 비로소 이렇게 선포했다.

> "나는 지식을 얻었다. 나는 해방되었다. 또 나는 완전히 알았다. 다시-태어남은 파괴되었다. 브라흐마-수행은 이제 끝났다. 할 일은 다 완수했다. 이것이 나의 마지막 생이다."
> "무지는 타파되고 지식은 이루어졌다. 어둠은 멀어졌고 밝음은 일어났다."

고타마의 이 선포를 인도 갑돌이는 이어지는 장에서 자세히 설명한다.

प्रज्ञापारमिता

제 3 부

니르바나의
정상을 향해

흐림 없고
맑은 마음

- 그다음에, 오 사리푸트라! 얻은 것이 없기 때문에
- 보디사트바는 프라즈냐 파라미타에 의지함으로써…

즉 고타마의 세 가지 과학과 그것에 이르는 고타마의 방법에
의지함으로써,

- 흐림 없고 맑은 마음이 있게 된다. 흐림 없고 맑은 마음
  때문에, 그는 공포에서 벗어나고, 미혹된 망상을 극복하
  여, 마침내 니르바나의 정상에 이르게 된다.

흐림 없고 맑은 마음이란 다이아몬드처럼 한 점의 티도 없고,
왜곡되지 않은 잘 조율된 마노-의식을 말한다. 이러한 마음에

대해서, 전술한 것처럼 고타마는 이렇게 말했다. "마음은 진정되어 있고, 대단히 정화되어 있고, 어떤 흠도 없고, 어떤 더러움도 없고, 유연하고, 쓸모 있고, 집중되어 있고, 움직임이 없었다." 이 언급은 앞의 제2부 제12장 '이 비어 있음', 《맛지마니까야》 제13장, 〈공〉품(M121-122)에서 말한 것처럼, 마음이 한 대상에서 다른 대상으로 왔다 갔다 하지 않는다는 것을 의미한다.

삭까야의 다섯 감각 의식은 오로지 지금 여기 이곳의 시공간만 의식할 수 있고 비시공간은 의식하지 못한다. 그러나 마노-의식은 지금 여기 마노-감각 기관으로 들어오는 대상을 의식할 뿐 아니라, '잘 조율'되면 과거, 미래 또는 원거리도 의식할 수도 있다. 즉 과거의 생을 보는 것, 미래의 생을 보는 것(clairvoyance), 멀리 보는 것(telepathy)이 가능하다.

고타마는 '잘 조율'된 마음으로 그의 과거 시공간에 있었던 삭까야들을 다 볼 수 있었다. 마음이 이렇게 '잘 조율'되어 있기 때문에, 그 마음은 시공간의 실상을 한 점의 왜곡도 없이, 즉 착각 없이 있는 그대로 반영한다. 이렇게 마노-의식에 반영된 실상을 바르게 알아차리는 것, 즉 인식하는 것이 프라즈냐의 기능이다.

"흐림 없고 맑은 마음이 있게 된다"라는 것은 이처럼 흐림 없고 맑은 마음으로 아눗다라삼먁삼보디를 실현하였다는 의미이다. 즉 고타마의 깨달음의 세 과학을 얻음으로써 '나'에 대한 실상을 이제 알게 되었다는 것이다.

"공포에서 벗어나고"라고 할 때의 이 공포는 통상적인 인재人災나 천재天災에서 오는 공포가 아니다. 이것은 시공간에서 윤회하여 다시 돌아오는 것에 대한 공포를 말한다. 아눗다라삼먁삼보디를 얻게 되면 이 공포에서 벗어나게 된다. 앞에서 말한 것처럼 고타마는 다음과 같이 이것을 표현한다.

> 이렇게 알고 이렇게 보니, 내 마음은 감각적 쾌락의 병독에서 해방되고 태어나서 살려는 존재의 병독에서 해방되고 무지의 병독에서 해방되었다. 해방됨으로써 나는 지식을 얻었다. 나는 해방되었다. 또 나는 완전히 알았다. 다시-태어남은 파괴되었다. 브라흐마-수행은 이제 끝났다. 할 일은 다해 마쳤다. 이것이 나의 마지막 삭까야의 생이다.

그렇게 해서 그와 같은 공포에서 완전히 벗어난다.

"미혹된 망상을 극복하여"라고 할 때의 미혹된 망상은 아주 구체적인 것으로, 잘 연마되지 못한 통찰 혹은 거짓된 프라즈냐를 말한다. 잘못된 통찰은 착각이라고도 하는데, 전형적으로 무상한 것을 항상한 것으로, 괴로운 것을 즐거움으로, 내가 아닌 것을 나로, 그리고 불순한 것을 순수한 것으로 착각하는 것을 말한다. 즉 무지를 뜻한다.

이와 관련해서 현장玄奘은 상常·락樂·아我·정淨의 4가지 전도된 인식을 '전도몽상顚倒夢想'이라고 번역했는데, 이것은 명역이다. 완성된 프라즈냐의 통찰과 함께 '잘 조율'된 마음은 그와 같은 '희론(papañca)하는 인식(saññā)' 또는 '전도된 인식(saññāvipallāsa)'을 범하지 않는다.

"마침내 니르바나의 정상에 이르게 된다." 니르바나의 정상이란 '빠리니르바나', 즉 붓다 삭까야의 죽음을 말한다. 그리고 다시 태어나지 않음을 말한다. 보디사트바가 프라즈냐 파라미타에 의지하여 아눗다라삼먁삼보디를 얻고 탐·진·치가 완전히 불식되면서 이제 니르바나에 있는 자, 즉 무지에서 깨어난 자, 붓다가 된다. 그의 삭까야는 금생이 마지막이다. 이 마지막 삭까야가 죽으면, 그는 윤회의 세계로 다시는 돌아오지 않는다. 이것을 '빠리니르바나parinirvāṇa' 혹은 '니시타-니르바나niṣṭha-nirvāṇa', 즉 붓다의 죽음이라고 한다. 이를 중국 사람들은 '무여열반無餘涅槃' 혹은 '구경열반究竟涅槃'으로 옮겼다.

붓다가 되기 위한
아눗다라삼먁삼보디

- 그다음에, 오 사리푸트라! 얻은 것이 없기 때문에
- 보디사트바는 프라즈냐 파라미타에 의지함으로써 흐림 없고 맑은 마음을 갖게 된다.
- 흐림 없고 맑은 마음 덕택으로, 그는 공포에서 벗어나고 미혹된 망상을 극복하여,
- 마침내 니르바나의 정상에 이른다.
- 과거, 현재, 미래의 모든 붓다들도 프라즈냐 파라미타에 의지하여 아눗다라삼먁삼보디를 얻었고 또 얻게 될 것이니라.

이 말은 과거, 현재, 미래의 모든 보디사트바들도 다 이 고타마의 프라즈냐 파라미타와 같은 지혜에 의지했고 또 의지할 것이

라는 것을 의미한다. 즉 인도 갑돌이는 아눗다라삼먁삼보디를 얻음으로써 붓다가 되었고, 되고 있고, 또 될 것이라고 하며 고타마의 프라즈냐 파라미타 프로그램을 설명하고 있다.

아눗다라삼먁삼보디는 전술한 바와 같이 고타마의 세 과학을 의미한다. 이것을 위해서는 우선 강력한 집중력에 의한 흔들리지 않는 '깨닫기[사띠sati]'의 빛으로 언어 활동과 신체 활동과 통상적인 정신 활동에서 오는 방해를 제거해야 한다. 그다음 다이아몬드처럼 투명한 '마노-의식'으로 삼계의 시공간을 종횡무진 통찰하여 프라즈냐를 얻는다. 그 결과는 삼계로부터의 초월이다. 비시공간의 '나'와 시공간의 '삭까야'를 연관 짓는 '카르마의 법칙', 그리고 이 법칙에 의거해서 시공간의 윤회에서 비시공간의 내 고향으로 탈출하는 '고귀한 여덟 겹의 길[팔정도八正道, ariya- aṭṭhaṅgika-magga]'을 완성한다. 이것이 프라즈냐 파라미타의 긴 여정의 종착점이다. 이상의 모든 프로그램을 도식으로 요약하면 이와 같다.

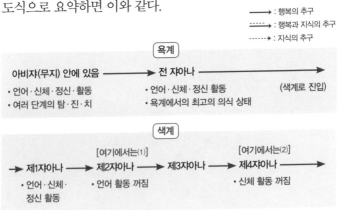

210

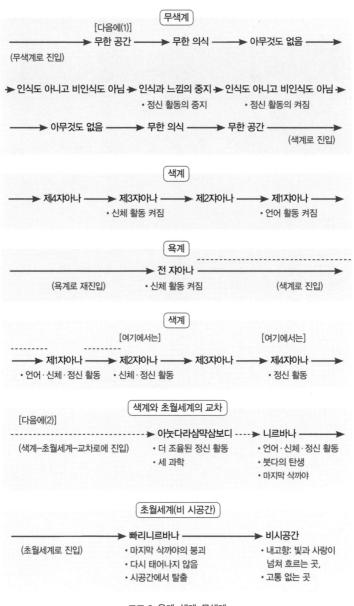

도표 6. 욕계, 색계, 무색계

위의 긴 설명을 이렇게 도식으로 표현하니 프라즈냐 파라미타의 골격을 이해하는 데 도움이 된다. 그러나 이 도식을 외우는 것은 좀 번거롭다.

만트라의 소리

인도 갑돌이도 프라즈냐 파라미타를 무지無知의 중생衆生들에게 수없이 설명하면서, 그때 유행하던 만트라 형식을 빌려 이 프라즈냐 파라미타를 외우기 좋은 도식으로 만들려고 작심했다. 인도 갑돌이는 마치 심혈을 기울여 작업하는 예술가처럼 천신만고 끝에 작품을 하나 만들어냈다. 그는 자신의 작품에 대해서 대단한 긍지를 가지고 있었다. 그래서 다음과 같이 외쳤다.

"그런고로, 프라즈냐 파라미타에 의지하지 않고서는 깨어나는 것이 불가능하다는 것을 이제 모두 알았지? 그런고로…, 그러니까…, 그렇기 때문에…, 알아두어야 한다. 너희가 이 중요한 프라즈냐 파라미타를 쉽게 외울 수 있도록, 내가 지금 많은 노고 끝에 이 멋진 만트라를 만들어주니, 반드시 외워두어야 한다. 이 프라즈냐 파라미타의 위대한 만트라를!"

이 프라즈냐 파라미타의 위대한 만트라는 "가테가테, 파라가테, 파라상가테, 보디, 스바하gategate pāragate pārasaṁgate bodhi svāhā"라는 다섯 미니 만트라로 구성된다. 그리고 이것은 바로 앞에 제시되는 다음의 표현들, 즉 '신비스런 만트라mahāmantra' '위대한 밝음의 만트라mahāvidyāmantra' '위 없는 만트라anuttaramantra' '비교할 수 없는 만트라samasama mantra' '고통을 없애주는 것sarvaduḥkhapraśamanaḥ'과 대응관계에 있다.

"어어~, 만트라가 너무 많은데…. 코치!"

"너희들이 하도 어려워서, 내가 너희들이 외우기 좋도록 세분화한 거야. 이제 내가 설명해줄게. 프라즈냐 파라미타의 위대한 만트라는 다섯 미니 만트라로 수식되고 있는데, 각 미니 만트라는 다 상징적인 의미가 있어.
첫 번째로 '신비스러운 만트라[시대신주是大神呪]'라는 표현은 '가테가테gategate', 즉 '갔다, 갔다' 혹은 '간다, 간다'를 나타내. 전前 쟈아나에서 제2쟈아나까지 왔을 때 내가 '여기에서는' 하고 고함질렀지! 왜냐하면 '여기에서' 언어적 활동이 처음으로 멈추었고, 그 상태에서 다섯-스칸다가 비어 있고, 비어 있음이 바로 다섯-스칸다라는 획기적인 놀라운 지식, 즉 프라즈냐를 완성했기 때문이야. 이 만트라는 바로 이 획기적인 이정표를 가리키지. 그리고 이 미니 만트라, 즉 '가테가테'를 '신비스런 만트라'라고 부르는 이유는 제2쟈아나로 가서 다섯-스칸다가 비어 있고, 비어 있음이 곧 다섯-스칸다라는 이 놀라운 진실을 아는 것이 신비스러움으로 가는 첫 스텝이기 때문이야. 이렇게 이해하니까 좋지?

두 번째의 '위대한 밝음의 만트라[시대명주是大明呪]'는 '파라가테pāragate', 즉 '넘어갔다, 넘어간다'를 나타내. 제2쟈아나에서 제4쟈아나에 왔을 때 내가 또 '여기에서는' 하고 고함질렀지! 이 '파라가테'는 두 번째 '여기에서는'을 상징하지. 멋지지? 내가 이 멋진 미니 만트라를 '밝음의 만트라'라고 부르는 이유는, 이 제4쟈아나야말로 언어 활동과 신체 활동이 사라지고 사념청정捨念淸淨이라는 기로에 있어서야. 초월 세계로 갈 수 있잖아! 그러니까 '위대한 밝음의 만트라'라고 한 것이야.

세 번째의 '이 위 없는 만트라[시무상주是無上呪]'는 '파라상가테pārasaṃgate', 즉 '넘어가버렸다'를 나타내. 이 '파라상가테'는 무엇을 상징하지?"

"어…, 무색계로의 출장…."

"아니지. 첫 번째의 '그다음에' 무색계로 갔는데, 무색계에 가서 무슨 지식을 얻었단 말이야? 내가 첫 번째 '다음에'에서 신물이 나도록 몇 번 '없다' '없다' '없다'고 했잖아."

"오, 알았다, 알았다. 두 번째 '그다음에'지! 저어…, 고타마의 삼명三明의 세 과학! 그렇지 코치?"

"그래, 맞아. 이 고타마의 세 과학이야말로 프라즈냐 파라미타라는 전대미문의 대사건이야. 아눗따라삼약삼보디! 이 지식 때문에 인류가 고통에서 벗어날 수 있지 않겠어? 그래서 나는 이 파라상가테의 미니 만트라를 '위 없는 만트라'라고 부르지. 왜냐하면, 지식이라는 의미에서는 다른 지식과 동일한 것이지만, 실제로는 어떤 지식과도 전혀 다른 지식이기 때문이야.

네 번째의 '이 비교할 수 없는 만트라[시무등등주是無等等呪]'는 '보디bodhi', 즉 깨달음을 나타내. 이 아눗따라삼약삼보디를 얻으면 곧 니르바나에 들어가 붓다가 되지. 붓다는 탐·진·치가 완전히 불식되고, 그 대신 메타mettā(사랑), 카루나karuṇā(더불어 아파함), 무디타muditā(더불어 기뻐함), 그리고 우펙카upekkhā(흔들리지 않음)의 의식 상태에 있어. 중국에서는 이를 '자비희사慈悲喜捨'로 번역하지. 이제 그는 시공간의 세계에서 '삭까야는 내가 아니고, 이것이 나의 마지막 삭까야이고, 다

216

시는 시공간으로 돌아오지 않는다'는 것을 알고 있지. 그리고 이 지혜를 고통받는 만인에게 알려주는 거야. 그래서 나는 '보디', 즉 깨달음을 '고통을 없애 주는 만트라'라고 불러.

다섯 번째의 '고통을 없애주는 것[능제일체고能除一切苦]'이란 지혜의 완성을 의미하는 '스바하svāhā'를 나타내.

이제 다 끝났잖아! 깨어난 자의 삭까야가 해체되면, 즉 붓다가 빠리니르바나 하면, 그는 다시는 이 고통투성이인 시공간의 삼계에 태어나지 않고, 명상가 가브리엘이 말하는, '빛과 사랑이 넘쳐흐르는' 자기 고향으로 돌아갈 뿐이야. 고타마가 말하던 '태어나지 않는, 만들어지지 않는, 생겨나지 않는, 조건 지어지지 않는' 그곳! 남은 것이란 축배 올리는 잔치밖에 더 있어? 감탄사를 연발하는 것밖에 무엇이 더 있겠어? 우리 인도에서 제일 흔히 즐겨 쓰는 감탄사가 뭐지?"

"아아 멋지도다! 암, 그렇고말고! 얼씨구나 좋다! 진리는 영원하도다! … "

"그런 것 다 합해서 좀 우주적인 감탄사 말이야! '빠리니르바나' '니시타-니르바나' '구경열반' '니르바나의 절정' '빛과 사랑이 넘쳐흐르는 그곳' '태어나지 않고 만들어지지 않고 생겨나지 않고 조건 지어지지 않는 그곳'에 가는 환송의 노래에 걸

맞은 감탄사! 헨델의 할렐루야 미사와 같은, 베토벤의 교향곡 9번의 합창곡 같은 멋진 감탄사! 그런 것 하나 없나?"

"아아… 있다, 있다! 우리 인도 삭까야들 모두가 쓰는 '스바하svāhā', 즉 지혜의 완성! 어때, 코치? 그런데, '프라즈냐 파라미타를 설하는 만트라'는 또 뭐야?"

"이것까지 내가 또 설명해 줘야 되나? 그러면 힌트를 하나 줄게. 이 미니 만트라들을 일렬로 배열해봐!"

"그러면 '가테가테 파라가테 파라상가테 보디 스바하'가 되는데…."

"그리고 내가 설명한 대로 각 미니 만트라의 암호의 의미를 생각해봐! 그리고 그림을 그려봐!"

가테가테 (실라:戒)	파라가테 (사마디:定)	파라상가테 (프라즈냐:慧)	보디 (깨달음)	스바하 (감탄사)
⋯▶ 제2쟈아나 [여기에서는⑴]	▶ 제4쟈아나 [여기에서는⑵]	▶ 아눗다라삼막삼보디 [다음에⑴ 다음에⑵]	▶ 니르바나 [붓다]	▶ 빠리니르바나 ['고향'으로]

도표 7. 만트라의 의미

"이 만트라 도표는 심오한 프라즈냐 파라미타의 핵심 내용이

무엇인지 잘 설명해주지 않나? 그래서 이 배열된 전부를 '프라
즈냐 파라미타를 설하는 만트라'라고 한 거야. 그래서 맨 앞에
서 이 프라즈냐 파라미타의 위대한 만트라를 알아두라고 내가
말하지 않았어?"

"오 과연, 그렇게 알고 보니 그렇네. 인도 갑돌이! 너는 전대미
문의 천재다. 저 어려웠던 심오한 프라즈냐 파라미타의 핵심을
이 위대한 만트라의 암호를 통해서 우리 바보들도 알고 외울
수 있도록 해준 것에 대해서 너무나 고맙다."

자, 천재적인 기질을 가진 인도 갑돌이가 만들어낸, 이 외우기
좋은 다섯 만트라가 의미하는 내용은 이상과 같다. 고타마의
위대한 프라즈냐 파라미타의 진수를 설명해주는 다섯 만트라
가 프라즈냐 파라미타라면, 그것은 두 말할 나위 없는 계(sīla),
정(samādhi), 혜(prajñā)이고, 그것은 앞 장의 도표에서도 밝혔듯
이 색계의 제2자아나, 제4자아나 그리고 아눗다라삼먁삼보디
와 니르바나nirvāṇa와 빠리니르바나parinirvāṇa이다. 그래서 '가
테가테 파라가테 파라상가테gategate pāragate pārasaṁgate'이며,
깨달음인 '보디bodhi'이며, 지혜의 완성인 '스바하svāhā'이다.
또한 이것은 계향戒香(sīla-gandha), 정향定香(samādhi-gandha), 혜
향慧香(paññā-gandha), 해탈향解脫香(vimutti-gandha)이며, 해탈지견

향解脱知見香(vimuttiñāṇadasana-gandha)이 아니겠는가?

이처럼 불교수행은 계 → 정 → 혜 → 해탈 → 해탈지견의 완성으로 정리되고,《디가니까야》제3권,〈십상경〉(D34)에서는 이를 '다섯 가지 법의 무더기[오법온五法蘊, pañcadhammakkhandhā]'라고 정의하고 있다. 뿐만 아니라 대승경전군에 속하면서 초기 불교의 핵심 교학체계를 가장 잘 대변하고 있는《금강삼매경金剛三昧經》은〈서품〉에서〈총지품〉까지 전8품으로 구성되어 있는데, 제6품〈진성공품〉에서 계·정·혜를 이렇게 설명하고 있다. "불가사의한 이 법이 마하반야바라밀(마하프라즈냐파라미타)이며, 크게 시대신주是大神呪, 시대명주是大明呪, 시무상주是無上呪, 시무등등주是無等等呪이다."

이상으로 당초의 작업가설이 해명되었다. 인도 갑돌이는 위의 다섯 가지 만트라를 "이 신비스러운 만트라, 이 밝음의 만트라, 이 위 없는 만트라, 이 비교할 수 없는 만트라, 능히 모든 고통을 없애주는 만트라"로 수식하고서, 이 길의 완성을 '팔정도', 즉 계(정어正語, 정업正業, 정명正命)·정(정정진正精進, 정념正念, 정정正定)·혜(정견正見, 정사正思)의 '삼학三學'과 동일시하고 있다. 이렇게 해서 프라즈냐 파라미타의 다섯 가지 만트라에는 '삼학'의 의미와 함께 '보디bodhi(보리菩提)'와 '지혜의 완성'이라는 뜻이 내재하게 된다. 바로 그와 같은 이유에서 '시대신주是大神呪'

'시대명주是大明呪' '시무상주是無上呪' '시무등등주是無等等呪'라고 찬탄을 했던 것이다.

본《반야심경》은 전술한 바와 같이, 3~4세기 인도에 살았던 한 무명의 보디사트바가 고타마가 가르친 '고귀한 여덟 겹의 길', 즉 프라즈냐 파라미타에 의지하여 고타마가 얻은 것과 똑같은 '고통에서 벗어나는 지식'을 얻고, 고타마처럼 깨어난 사건을 배경으로 한다. 이 무명無名의 보디사트바는 그의 개인적인 경험을 자기 특유의 화법으로 그려내 세상에 보고하였다. 이 길을 걸어가는 많은 보디사트바들을 위해《반야심경》의 말미에 '만트라'라는 암호로써 고타마의 '고귀한 여덟 겹의 길', 즉 프라즈냐 파라미타의 핵심을 도식화하여 남겨놓은 것이다. 이는 재론의 여지가 없다고 생각한다.

이와 관련하여 서기 5세기경 붓다고사Buddhaghosa 스님의 저술인《청정도론淸淨道論(Visuddhimagga)》에도 유사한 언급이 나타난다. 이 문헌은 남방 상좌부 불교의 부동의 준거가 되어 왔는데, 특히 8정도의 계戒·정定·혜慧를 '칠청정七淸淨'으로 세분화하여 상세하게 설명하고 있는 논서이다. 거기에서 붓다고사 스님은 우선 '계청정戒淸淨'과 '심청정心淸淨'의 두 가지를 설명한 다음, '혜청정慧淸淨'은 다섯으로 세분화한다. 그리고 다시 이들 다섯의 맨 마지막에 '지견청정知見淸淨'을 설명하고 있다.

마지막의 이것은 사전적 의미대로 '지知'와 '견見'을 가리킨다. 좀 더 구체적으로 설명을 하면, '지知'는 교학 체계를 철저히 바르게 이해하는 것으로서 그러한 앎의 청정淸淨이고, '견見'은 교학 체계를 바르게 이해한 대로 실참 수행하여 얻은 결과의 청정淸淨이다. 이것은 곧 8정도의 첫 번째 각지인 '바른 견해[정견正見(samma-diṭṭhi)]'에 해당한다. 즉 무명無明(avijjā)이 사라지고 명지明智(vijjā)의 밝은 지혜가 열린 것이 지견청정知見淸淨이다.

본서에서 지속적으로 강조한 '지혜의 완성(프라즈냐 파라미타)'은 곧 '지견청정'으로 바꾸어 말할 수 있다. 또한 바로 이것은 여여한 실상을 알고 보는 여실지견如實知見이며, 다름 아닌 팔정도의 완성이다.

인도 갑돌이는 고타마가 가르친 방법대로 실천하면서 깨어났다. 그는 깨어나는 데 있어서 고타마의 방법보다 더 개선된 어떠한 독창적인 것도 도입하지 않았고, 또 했어도 안 된다. 그의 유일한 공헌은 고타마의 프라즈냐 파라미타의 내용을 알고 그것을 잘 익혀 실천할 수 있도록 아주 간단하고 외우기 좋은, 또 발음상으로도 대단히 아름다운 만트라 부호를 만들어 놓았다는 데 있다. 이 만트라야말로 《반야심경》의 핵심이다.

그는 말할 자격이 있다. "그런고로 누구든 깨어나려면, 이 인도 갑돌이, 내가 만든 프라즈냐 파라미타의 위대한 만트라의 의미를 알고 그것을 매일 염송하면서 반드시 외워두어야 한다. 그리고 외운 대로 프라즈냐 파라미타를 실천하면, 반드시 깨어남의 '축복'을 받을 것이다. 그러나 외우되 그 만트라가 설한 프라즈냐 파라미타의 실천은 하지 않고, 종교 의식의 장식물로 주문처럼 독송만 한다든지, 혹은 무슨 영험이나 얻을 줄 알고 독송만 한다면, 윤회의 굴레로부터 영원히 벗어나지 못할 것이다."

원래 '주呪'라고 하는 것은 언어의 신비성을 강조하는 경향이 있다. 인간의 언어는 상호 간의 소통이라는 기본적인 능력을 갖추고 있다. 동시에 깨달음을 닦아가는 수행자들에게는 깨달음의 신비를 적절하게 표현하는 수단이기도 하다. 인도에서는 모든 의례의 시작을 '옴Om', 끝을 '훔Hum'으로 매듭짓고 있다. 옴은 입을 오므린 형태이며 객관 대상의 모든 것을 내 안에 포섭한다는 뜻이다. 반면 훔은 내 안의 것들을 바깥으로 내뿜는다는 의미이다. 즉 옴과 훔은 '나'라는 주관이 외부 객관 세계와 교통하는 수단이다. 밀교를 표방하는 티베트 행파에서는 이 진언을 보다 세분화한다. 신업身業에 속한 무드라Mudra(수인手印), 구업口業에 속한 만트라Mantra(다라니), 의업意業에 속한 만달라Mandala가 그것이다.

인도 갑돌이! 파이팅! We love you!

우리말
《반야심경》

이제 인도 갑돌이가 만든 프라즈냐 파라미타의 위대한 만트라
의 의미를 알고 그에게 감사하면서, 다시 법당에서는 물론 산
에서나 들에서나 그의 '흐리다야'를 아름다운 우리 배달말로
소리 내어 노래하자!

옴 존귀하옵는 프라즈냐 파라미타를 찬미하나이다.

고귀한 보디사트바 아발로키테슈바라가 심오한 프라즈냐
파라미타의 실천에 임하고 있을 때, 다섯-스칸다들 모두가
실체가 비어 있음을 꿰뚫어 보았다.
여기에서는, 오 사리푸트라! 형색은 비어 있고 비어 있음이
바로 형색이며, 또 형색이 비어 있음과 다르지 않고 비어

있음도 형색과 다르지 않다.

무엇이든 형색이라면 그것은 비어 있음이고, 무엇이든 비어 있음이라면 그것은 형색이다. 느낌, 인식, 심리현상, 의식도 다 이와 같다.

여기에서는, 오 사리푸트라! 모든 것들은 비어 있음의 특징을 가지고 있다. 그것은 생기지도 않고 멸하지도 않는다. 더럽지도 않고 깨끗하지도 않다. 줄어들지도 않고 늘어나지도 않는다.

그다음에, 오 사리푸트라! 이 비어 있음에는

형색도 없고, 느낌도 없고, 인식도 없고, 상카라도 없고, 의식도 없다.

눈, 귀, 코, 혀, 신체, 마노도 없다.

형색, 소리, 냄새, 맛, 촉감, 마노의 대상물도 없다.

눈의 영역도 없고 나아가 마노-의식의 영역도 없다.

무지도 없고 무지의 멸함도 없을뿐더러, 심지어 늙음도 죽음도 없고, 늙음과 죽음의 멸함까지도 없다.

고통도 고통의 원인도 멸함도 길도 없다.

알아낸 것은 아무것도 없다.

얻은 것도 없고 안 얻은 것도 없다.

그다음에, 오 사리푸트라! 얻은 것이 없기 때문에

보디사트바는 프라즈냐 파라미타에 의지함으로써 흐림 없

고 맑은 마음을 갖게 된다.

흐림 없고 맑은 마음 덕택으로 그는 공포에서 벗어나고, 미혹된 망상을 극복하여 마침내 니르바나의 정상에 이른다.

과거, 현재, 미래의 모든 붓다들도 이 프라즈냐 파라미타에 의지하여 아눗다라삼먁삼보디를 얻었고 또 얻게 될 것이니라.

그런고로 알아두어야 한다. 이 프라즈냐 파라미타의

신비스러운 만트라

위대한 밝음의 만트라

위 없는 만트라

비교할 수 없는 만트라

고통을 없애주는 거짓 없고 참된

그 프라즈냐 파라미타를 설하는 만트라.

그것은 이렇다.

가테가테 파라가테 파라상가테 보디 스바하.

우리 두 사람은 《반야심경》을 이렇게 이해한다.

오온(색·수·상·행·식)의 비어 있음은 무상하고 덧없어,
풀과 같고, 꽃과 같고, 물방울과 같고, 아지랑이 같고, 번갯불 같고,

모든 인간 삶의 영고성쇠榮枯盛衰가 이와 같으니……

> "법(진리)을 섬으로 삼고 법을 귀의처로 삼아 머물고, 다른 것
> 을 섬으로 삼거나 다른 것을 귀의처로 삼아 머물지 않으며, 자
> 신을 섬으로 삼고 자신을 귀의처로 삼아 머물고, 다른 사람
> 을 섬으로 삼거나 다른 사람을 귀의처로 삼아 머물지 않는다."
> (S47:14)

이것으로 초판 이후 20년 만에 다시 개정증보판으로 출간되는 소본小本《반야바라밀다심경(프라즈냐 파라미타 흐리다야 수트라)》의 해석을 마무리하면서, 앞의 제2장 2의 주석에서 밝힌 '반야', 즉 지혜에 대한 정의定義를 한번 더 강조하고자 한다.

우선 반야는 계戒·정定·혜慧의 삼학三學 가운데 하나인 '혜', 즉 프라즈냐이다. 그리고 계·정·혜의 삼학이 또한 반야라는 것은 재론의 여지가 없다. 왜냐하면 반야바라밀, 즉 프라즈냐 파라미타는 '지혜를 완성해 간다'는 의미와 '지혜의 완성'이라는 두 의미로 사용되는데, 이를 위해서는 계戒와 정定이 한 몸뚱이로 조화를 이루었을 때 반야의 혜慧가 완성되고 또한 완성으로의 길이 가능하기 때문이다. 이러한 반야의 완성은 곧 해탈이고 열반이며, 삼학, 즉 팔정도의 완성이다.

그럼에도 불구하고 사경寫經하는 반야, 외우고 읽는 반야, 그

래서 뭔가를 얻으려 하는 반야라면, 반야의 본뜻과는 크게 멀어진다. 반복하는 이야기이지만, 반야는 계·정·혜 삼학이고 팔정도이다. 앞장에서도 언급한 내용이지만, 서기 5세기경 붓다 고사 스님이 저술한 남방 상좌부의 《청정도론》에서도 '청정도淸淨道'의 의미를 계와 삼매 그리고 통찰지로 구분한 다음, 다시 통찰지를 다섯으로 세분화하고서 바로 그것이 계·정·혜를 의미한다고 설명하며, "계·정·혜를 상수로 하여 열반이라는 지극한 청정을 얻는 수단을 설명하는 것이 《청정도론》의 뜻이다"라고 강조하고 있다. 즉 이 반야의 이론체계를 바르게 이해하고서 적극적인 실참實參 수행을 통해 개발하는 것이 반야의 지혜. 이렇게 개발된 반야(慧般)를 통해 해탈 열반을 성취하라는 것이 부처님의 준엄한 명령이고 가르침이 아니겠는가? 이번에 개정증보판으로 출간되는 본 《산스크리트 원문에서 본 반야심경 역해》가 21세기 한국불교 1,600년사에 작은 보탬이 되기를 바란다.

해탈의 장애물 10가지 족쇄

한문 《반야심경》

산스크리트 《반야심경》

해탈의 장애물
10가지 족쇄

고타마는 '지고至高의 지식知識', 즉 아눗다라삼먁삼보디anuttara-samyak-sambodhi를 얻고 깨어났을 때, 다시 말해 붓다가 되었을 때, 무지無知에 있는 존재들이 어떻게 하면 틀림없이 깨어날 수 있는가에 대한 방법을 알아냈다. 바로 그것이 고타마의 깨달음의 과학이다.

그 방법을 그는 '고귀한 8겹의 길[팔정도]', 즉 '아리야 아땅기까 막까ariya-aṭṭhaṅgiko-magga'라고 명명했다. 그리고 누구든지 이 방법을 바르게 이해하고 실천하면 반드시 깨어난다고 말한다. 그뿐만 아니라 이것이 깨어나는 '유일한' 방법이라고 주장한다. 그는 이 방법은 철학적 사유 혹은 경험적 반성에서 만들어진 것이 아니고, 깨어났을 때 바로 이것이 유일한 방법이자 실상實相이라는 것을 '통찰'했다고 한다. 그러면 이 방법이 무지의 상태를 완전히 깨어난 상태로 변화시킨다고 할 때, 그 '변화'의 내용은 무엇이며 그 과정은 어떻게 일어나는가?

우리가 개념적으로 아는 '상태(state)'란 항상 보수적이다. 즉 무엇이 '어떠한 상태'라고 말할 때, 그러한 상태는 자체적으로 항상 머무르려는 경향을 지닌다. 이 경향을 고타마는 '족쇄'라고 일컫는다. 오늘날의 물리학적 개념으로 보자면, 특정한 상태를 반복하게 하는 이러한 중독성을 '잠재적 힘'이라고 말할 수 있다. 해탈의 장애물인 '10가지 족쇄'는 이와 같은 잠재적 힘으로 우리에게 영향을 미친다. 따라서 완전한 깨어남으로의 변화란 '특정한 상태에 머무르려는 잠재적인 힘의 영향에서 벗어나는 변화'라고 말할 수 있다.

불교 공부에 마음을 낸 모든 이들이 불교의 핵심을 사성제四聖諦라고 말한다. 본서에서도 반복적으로 살펴보았듯이, 부처님 가르침의 시작과 중간과 끝은 모두 사성제와 팔정도로 귀결된다. 부처님의 진리, 즉 '고집멸도苦集滅道' 사성제는 사실 너무 간단명료하다. 불교의 모든 가르침은 사성제에 대한 문제 제기로 시작해서, 사성제의 4번째 각지인 도성제道聖諦의 완성, 즉 팔정도의 실현과 궁극적 행복인 열반의 성취로 종결된다. 특별히 다음의 여섯 경전에서 사성제와 팔정도가 어떻게 설명되는지 다시 한번 살펴보자.

① 《상윳따니까야》의 〈주제별로 모은 경〉(S56:11)

부처님이 성도한 후, 깨달음을 이루기 전에 당신과 함께 수행
했던 다섯 비구에게 녹야원에서 처음으로 설법하는 내용이 나
온다. 바로 이 경전이 팔정도를 설한 〈초전법륜경〉이다.

② 《디가니까야》의 〈대반열반경〉(D16:5, 27)

부처님이 열반에 들기 직전 당신의 마지막 제자 수밧다에게 팔
정도에 대해서 설하는 내용이 나온다. 거기에서 부처님은 다음
과 같이 말한다.

> 수밧다여! 어떠한 법法과 율律에서든 8가지 성스러운 도가 없
> 으면 거기에는 사문이 없다. 거기에는 두 번째 사문도 없다. 거
> 기에는 세 번째 사문도 없다. 거기에는 네 번째 사문도 없다. 어
> 떠한 법과 율에서든 8가지 성스러운 도, 즉 팔정도가 있으면 거
> 기에는 사문이 있다. 거기에는 두 번째 사문도 있다. 거기에는
> 세 번째 사문도 있다. 거기에는 네 번째 사문도 있다. 수밧다여!
> 이 법과 율에는 8가지 성스러운 도가 있다. 수밧다여, 그러므로
> 오직 여기에만 사문이 있다.

앞서 해탈의 장애가 되는 10가지 족쇄에 대해 언급했다. 이들
중 처음 세 개, 즉 '유신견有身見' '계금취戒禁取' '의심疑心' 등을

끊으면 수다원이 되고, 4번째인 '탐貪'과 5번째인 '진瞋'을 약화하면 사다함이 된다. 그리고 이들 5가지로 구성된 '오하분결五下分結'을 완전히 끊으면 아나함이 된다. 마지막으로 나머지 5가지, 즉 '색계탐色界貪' '무색계탐無色界貪' '교만憍慢' '도거掉擧와 악작惡作' '무명無明'으로 구성된 '오상분결五上分結'을 완전히 끊으면 아라한이 된다. 위의 〈대반열반경〉에서 부처님이 말씀하신 첫 번째 사문이란 수다원을, 두 번째 사문은 사다함을, 세 번째 사문은 아나함을, 네 번째 사문은 아라한을 가리킨다.

③ 《숫타니파타》 558

"나는 알아야 할 바(고성제苦聖諦)를 알았고, 닦아야 할 바(도성제道聖諦)를 닦았고, 버려야 할 바(집성제集聖諦)를 버렸다. 그래서 나는 붓다, 깨달은 사람이다"라고 사성제四聖諦를 천명하였다.

④ 《법구경》 제20품 273 〈길의 품〉

"길 가운데는 팔정도가 최상이고, 진리 가운데는 사성제가 최상이다"라는 언급이 있다.

⑤ 《상윳따니까야》 의 〈진리상윳따〉(56:1)

부처님의 가르침을 주제별로 모은 이 《상윳따니까야》의 대미를 장식하는 내용은 바로 사성제로, 〈진리상윳따〉의 근본 주제가 된다. "삼매를 닦는 이유는 사성제를 꿰뚫기 위해서이며, 출가자가 되는 이유도 사성제를 관통하기 위해서"라고 강조한다. 그뿐만 아니라 "사색을 할 때도, 말을 할 때도, 사성제를 사색하고 사성제에 대해 말해야 한다. 그리고 사성제를 완전하게 깨달았기 때문에 여래, 아라한, 정등각자라고 부르며 사성제를 알고 보기 때문에 번뇌가 멸진한다"라고 언급했다.

⑥ 《테라가타》 제17장 1품

부처님의 직계 제자 비구 스님들의 시구절로 전해오는 《테라가타》 제17장 1품 979~980 게송에는 "자애심을 품어라. 연민의 마음을 가져라. 계율을 따라 잘 절제하라. 활기차고, 목표에 열중하며, 언제나 용감하게 밀고 나가라. 위험은 게으름[방일 放逸] 속에 도사리고 있고, 부지런함[불방일 不放逸]은 불사 不死에 이르는 지름길이니, 이것을 너희가 안다면 닦아라, 팔정도를. 그러면 접하게 되리니, 깨달음을, 저 열반의 길을"이라는 가르침이 나타난다.

이 외에도 《상윳따니까야》의 〈절반의 경〉(S45:2)을 비롯해 도처에서 팔정도가 언급되고 있다. 그럼에도 불구하고 대다수 불자들은 사성제와 팔정도의 뜻을 명확하게 이해하지 못하는 것 같다. 그래서 가끔 평생 절에 다닌다는 불자들에게 팔정도의 첫 구절인 '정견正見'이 무엇이냐고 물어봐도 대답은 횡설수설이다. 그뿐만 아니라 본 부록에서 설명하고 있는 '소타파나sotāpanna(수다원須陀洹)' '사까다가미sakadāgāmin(사다함斯多含)' '아나가미 anāgāmin(아나함阿那舍)' '아라한트arahant(아라한阿羅漢)' 등의 사향사과四向四果와 사쌍팔배四雙八輩는 불자라면 누구에게나 익숙한《금강경》에서 반복해서 언급되고 있음에도, 구체적인 뜻을 물어보면 쉽게 답을 하지 못한다.《반야심경》은 말할 것도 없고《금강경》을 평생 사경·독송하고 있다는 불자들이 해탈과 열반으로 가는 중요한 과정을 모르고 있다는 의미이다.

부처님의 가르침인 모든 교학 체계가 하나같이 그렇듯이, 《금강경》의 핵심 내용 역시 대상에 대한 '산냐saññā', 즉 인식의 중독 내지는 오류를 격파하라는 것이다. "일체유위법一切有爲法이 여몽환포영如夢幻泡影이며 여로역여전如露亦如電이니 응작여시관應作如是觀"이라는《금강경》 제32 〈응화비진분應化非眞分〉이 바로 그것이다.

이러한 가르침을 통해, 무지로 인해 스스로 자신을 10개의 족쇄로 묶어놓고 끝없는 세월을 끝도 없이 고통받는 윤회의 세계에서 벗어나야 한다. 부처님의 지혜, 즉 통찰지는 10개의 족쇄를 끊고 해탈 열반을 쟁취하라는 것이다. 반복하는 이야기이지만 그 길의 첫 흐름에 든 자를 '진리의 흐름에 든 성자', 즉 '수다원'이라 한다. 다음 두 번째 단계를 '사다함', 세 번째 단계를 '아나함', 네 번째 완성 단계를 '아라한'이라고 부른다. 아라한이란 '일체에 승리한 자, 모든 적을 물리친 자'이다.

중국 선종의 남악 회양 선사와 그의 제자 마조 도일의 이야기를 잠시 들어보자. 이것은 '남악마전南嶽磨塼'의 공안公案으로 전해진다.

남악 회양 선사가 좌선을 하고 있는 마조 도일의 암자인 전법원 앞에 가서 말했다. "대덕이여! 좌선을 해서 무엇을 하려고 하는가?"

마조가 대답했다. "부처가 되기 위해서입니다."

그러자 남악이 벽돌 한 개를 가지고 그의 암자 앞에서 돌에 갈았다. 그러자 마조가 와서 "스님, 벽돌을 갈아서 무엇에 쓰려고 하십니까?"

남악이 말했다. "이걸 갈아서 거울을 만들려고 그러네."

마조가 말했다. "스님, 벽돌을 갈아서 어떻게 거울을 만들 수 있겠습니까?"

이에 남악이 말하기를 "벽돌을 갈아서 거울을 만들 수 없다면, 좌선을 해서 어떻게 부처가 될 수 있는가?"

여기에서 우리는 자신의 불교 수행이 벽돌을 갈아서 거울을 만들려는 오류를 범하고 있는 것은 아닌지 되돌아보고 점검해봐야 할 것이다. 중국 선종 3대 조사인 승찬이 저술한 《신심명信心銘》에도 이런 구절이 있다. "호리유차 천지현격毫釐有差 天地懸隔", 즉 털끝만큼 어긋난 것이 결국 하늘과 땅 사이만큼 벌어진다는 것이다. 본 부록의 첫머리에서, 부처님의 가르침인 '법法'은 너무도 간단명료하다고 했다. 그러나 그 뜻에 철저하지 못하고 소홀히 하면 승찬의 사자후獅子吼처럼 하늘과 땅만큼 벌어질 수밖에 없다.

이제 다시 해탈의 장애물인 10가지 족쇄에 관한 논의로 돌아가고자 한다. 고타마는 깨닫고 나서, 우리가 무지無知안에서 전전하고 있는 이 삼계를 벗어나려고 할 때, 즉 깨어나려고 할 때, 삼계는 10가지 힘으로 거기서 벗어나지 못하도록 끌어당긴다는 것을 통찰했다. 우리는 이 10가지 힘, 즉 족쇄에 묶여있지만, 이 힘의 존재는 '통찰' 아니고는 발견하기가 불가능하다. 이것은 마치 지구의 중력이 우리를 지구 표면에 항상 묶어놓고 있지만, 그것을 느끼지 못하는 것과 같다. 지구 밖을 나가서 무중력 상태에 있을 때 우리는 지구의 중력을 비로소 실감하게 된다. 그렇다면 무지의 상태에 있는 범부가 깨어난 성자로 변한다는 것은 무지로부터 못 떠나게 하는 10가지 힘을 극복하는 것을 의미한다. 그리고 '고귀한 여덟 겹의 길'은 이 10가지 힘을 극복하는 '엔진'과 같은 것이다.

문제는 이 '여덟 겹의 길'의 엔진이 이 10가지 족쇄의 힘을 구체적으로 어떻게 극복해 나가는가이다. 고타마는 다행히도 10가지 힘은 동등하지 않으며, 그 강약이 조금씩 다르다는 것을 알아냈다. 그리하여 약한 것부터 강한 것으로 차례지어놓았다. 그 서열은 다음과 같다.

① 삭카야 디티sakkāya-diṭṭhi(유신견有身見)[15]: 이것은 무의식적으로 '삭까야가 나다'라는 견해를 일으키는 것을 말한다. 그 결과는 보통 우리가 말하는 '에고Ego'이다. 보통 우리가 '내가'라고 할 때에는 삭까야를 구성하고 있는 다섯-스칸다의 전부 혹은 일부를 지칭하고 있다. '삭까야가 나다'라는 견해에 빠진 이상 삼계에서 벗어나는 것은 불가능하다.

② 실랍바타-빠라마사sīlabbata-parāmāsa(계금취戒禁取): 이것은 종교적인 계율과 제사와 의례에 대한 집착을 말하는데, 이것이야말로 보통의 족쇄가 아니다. 아득한 고대로부터 인간은 초인간적·신적神的 존재에게 빌고 의지하면서 뭔가를 얻으려 했고, 고통으로부터 도피하려고 했다. 그러기 위해 가깝게는 무속인의 굿으로부터, 만신萬神, 하나님, 관세음보살, 아미타불 등 별의별 타력에 빌고 의지하려 한다. 조상에 대

---

15   삭까야 디티를 중국 사람들은 유신견有身見이라고 번역했는데, 이는 이 몸과 마음은 공
      혼한 것인데 '나다' '나의 것이다' '나의 자아다'라고 집착하는 무명無明의 견見을 말한다.

한 제사니 죽은 영령에 대한 천도제를 비롯한 의례들도 여기에 기울어져 있는 경우들이 대부분이다. 이것은 무지에 처해 있는 사람들의 보편적인 현상이라고 할 수 있다.

③ 비치킷짜vicikicchā(의심疑心): 이것은 마음 깊숙이 도사리고 있는, 부처님과 부처님 법法에 대한 의심이다. '과연 그럴까? 과연 고타마가 하는 말이 진짜 우주의 실상實相일까? 정말로 삭까야가 내가 아닌가?' 등등. 고타마는 이 의심이 도사리고 있는 한 깨어나는 것은 불가능하다고 말한다. 그러나 그렇다고 무조건 '믿어라'라는 것은 더더욱 아니다. 삭까야가 내가 아니라는 것을 사티파타나satipaṭṭhāna(염처念處)의 실천을 통해 확인해가면서, 이 의심을 말끔히 씻어내라는 것이다.

④ 카마라가kāma-rāga(탐貪): 이것은 탐·진·치의 '탐'에 해당한다. 감각적 쾌락에 대한 탐욕을 말하고 있다.

⑤ 빠티가paṭigha(진嗔): 이것은 탐·진·치의 '진'에 해당한다. 악의惡意 혹은 증오심을 말하고 있다.

⑥ 루빠라가rūpa-rāga(색계탐色界貪): 이것은 색계에 태어나고 싶어 하는 갈증을 말한다. 색계는 행복한 곳이기 때문이다.

⑦ 아루빠라가arūpa-rāga(무색계탐無色界貪): 이것은 무색계에 태어나고 싶어 하는 갈증이다. 쟈아나jhāna(선禪)를 맛본 자들이 거듭거듭 이 쟈아나에 머물고자 하는 경향을 말한다. 색계의 쟈아나를 맛본 자는 색계의 쟈아나에, 무색계의 쟈아

나를 경험한 자들은 거듭해서 무색계의 쟈아나에 머물고
자 하는 경향을 지닌다. 무색계의 쟈아나는 공무변처空無
邊處(ākāsānañcāyatana), 식무변처識無邊處(viññāṇañcāyatana), 무
소유처無所有處(ākiñcaññāyatana), 비상비비상처非想非非想處
(nevasaññānāsaññāyatana)의 넷으로 세분된다.

⑧ 마아나māna(교만憍慢): 이것은 '자만'을 말한다. 영적 수행을
한 사람들이 "이제 나는 상당한 진보를 했다"라고 마음속
깊숙이 무의식적으로 품는 것이 곧 자만심이다.

⑨ 웃닷차uddhacca(도거掉擧): 이것은 초조감을 말한다. 깨어남
의 길에 거의 왔다는 자만심까지는 극복했으나, 웬일인지
열반은 아직 쟁취하지 못 하고 있다는 것에 대한 불안, 초조
감을 말하고 있다.

⑩ 아비쟈avijjā(무명無明): 이것은 무지를 말하는데, 자신의 존재
에 대한 미미한 애착이 남아있고 아눗다라삼먁삼보디라는
지식을 '아직' 얻지 못하고 있는, 즉 사성제四聖諦를 깨닫지
못하고 있는 상태를 가리킨다. 이 마지막의 10번째 족쇄를
끊어야 아눗다라삼먁삼보디를 얻는 것이다. 그러므로 무지
의 타파라는 말은 함부로 쓰기 어렵다. 이것이 가장 강한 힘
을 지닌 마지막 족쇄이다.

고타마는 이상의 10개의 힘을 하나하나 극복해 가는 데 중요

한 이정표를 설정해 놓았다. 그 내용은 다음과 같다.

우선 두 종류의 지식(ñāṇa), 즉 도道와 과果를 언급할 필요가 있다. 예를 들면 내가 부산에서 서울로 간다면, 서울로 가는 로드맵으로서의 지식이 있어야 한다. 이것을 '길의 지식(magga-ñāṇa)'이라고 한다. 그다음 서울에 도착해서 서울이라는 도시의 모습과 서울 사람으로 사는 것이 어떤 것인가를 알게 된다. 이것을 '열매의 지식(phala-ñāṇa)'이라고 한다. 각 이정표 혹은 단계에 도달했으면 도달하게 되는 길의 지식이 있어야 하고, 그 단계에 도달한 상태에 있으면 그 상태가 어떤 것인지를 아는 열매의 지식이 일어나게 된다. 고귀한 여덟 겹의 길을 실천하면, 앞서 언급한 ①, ②, ③의 힘을 극복했다는 길의 지식이 일어난다. 이때 그를 '소타파나'에 도달했다고 한다. 그다음 소타파나로서 있는 것이 어떠한지 아는 것이 열매의 지식이다.

소타파나는 ①, ②, ③을 성공적으로 극복했을 뿐 아니라 닙바나nibbāna(열반)의 도과道果에 대한 경험이 있어야 한다. 소타파나는 다시는 완전한 무지의 상태에 끌려 들어가지 않는다. 그리고 소타파나는 일곱 번 이상 다시 태어나지 않고, 다시 태어나면 더 좋은 여건에 태어나서 일곱 생 이내에 붓다가 된다는 것을 고타마는 통찰했다고 한다. 그래서 그는 대부분의 사람들에게 소타파나가 되는 것을 우선 목적으로 삼으라고 누누이 강조했다. 이 경지를 '입류入流' 또는 '진리의 흐름에 든 자'

라고 한다. 소타파나까지 가지 못한 자는 언젠가는 다시 10가
지 족쇄의 힘에 끄달려 무지의 상태에 빨려들어갈 위험에 노출
되어 있다. 소타파나는 그다음 ④, ⑤의 힘을 완화하는 데 주력
한다. 완전히 극복하는 것이 아니라, 약화시킨다는 것이다.

한편 ④, ⑤가 상당히 약화됐다는 것을 아는 것은 길의 지식
이다. 이 약화된 상태에 있는 것이 어떤 것인지 아는 열매의 지
식이 일어난 사람을 사카다가미, 즉 '한번 돌아오는 자'라고 한
다. '한번 돌아오는 자'는 한번만 더 태어나면 닙바나를 얻는다.

사카다가미의 도와 과를 증득한 후, 약화된 ④, ⑤를 완전히
극복하는 길의 지식을 얻고 다시 ④와 ⑤를 완전히 극복한 상
태가 무엇인지 아는 열매의 지식을 얻었을 때 그는 아나가미,
즉 돌아오지 않는 자가 된다. 안 돌아오는 자는 욕계에 태어나
지 않고 색계의 최고단계인 '정거천淨居天'에 태어난다. 그는 거
기에서 행복한 삶을 살면서 닙바나를 쟁취하게 된다. 아나가미
의 도와 과를 증득한 자는 마지막 5가지의 힘, 즉 ⑥, ⑦, ⑧, ⑨,
⑩을 완전히 극복한다. 이 단계를 아라한트라고 한다. 아라한
트는 이 남은 5가지 힘을 극복한 길의 지식이 있고, 아라한트
상태가 어떤 것인지 아는 열매의 지식을 가지게 된다. 아라한
트가 바로 깨어난 자, 붓다이다. 아라한트는 다시는 삼계에 태
어나지 않고, 그의 삭까야가 붕괴하면 그것이 그의 마지막 삭
까야가 된다. 그는 고향으로 영원히 돌아간 자이다. 이상을 그

림으로 그리면 다음과 같다.

10개 족쇄 (saṁyojana)		(1)아비자 (avijjā)	(2)수다원 (sotāpanna)	(3)사다함 (sakadāgami)	(4)아나함 (anāgami)	(5)아라한 (arahan)
⑩ 無明 (avijjā)	五上分結	무지에 있는 자 (범부)	묶여 있음	묶여 있음	묶여 있음	10개 족쇄 완전 끊음 (완전하게 깨달은 붓다)
⑨ 掉擧, 惡作 (uddhacca, kukkucca)			묶여 있음	묶여 있음	묶여 있음	
⑧ 憍慢 (māna)			묶여 있음	묶여 있음	묶여 있음	
⑦ 無色界貪 (arūpa-rāga)			묶여 있음	묶여 있음	묶여 있음	
⑥ 色界貪 (rūpa-rāga)			묶여 있음	묶여 있음	묶여 있음	
⑤ 瞋 (paṭigha)	五下分結		묶여 있음	2개 족쇄 엷어짐	오하분결 5개 족쇄 완전 끊음 (성자)	
④ 貪 (kāma-rāga)			묶여 있음			
③ 疑心 (vicikicchā)			3개 족쇄 끊음 (성자)	3개 족쇄 끊음 (성자)		
② 戒禁取 (sīlabbata- parāmāsa)						
① 有身見 (sakkāya- diṭṭhi)						

도표 8. 4향4과와 10가지 족쇄

(1) 아비자 : 10가지 족쇄에 묶여, 무지에 있는 자

(2) 소타파나 : ④, ⑤, ⑥, ⑦, ⑧, ⑨, ⑩의 영향을 받고 있지만
①, ②, ③의 영향은 받지 않는 자

(3) 사카다가미: ⑥, ⑦, ⑧, ⑨, ⑩의 영향을 받고 있지만 ①, ②,

③의 영향은 받지 않고 ④, ⑤의 영향은 상당히 약화된 자

(4) 아나가미: ①, ②, ③, ④, ⑤를 완전히 극복했지만 ⑥, ⑦, ⑧, ⑨, ⑩의 영향은 그대로 받고 있는 자

(5) 아라한트: 남은 ⑥, ⑦, ⑧, ⑨, ⑩마저 차례로 극복한 자로서 아눗다라삼먁삼보디를 얻어 '무지'를 완전히 타파하고 닙바나에 들어간 자

다시 한번 정리하면, 초기 불전에서는 '수다원(예류자)'은 '유신견有身見' '종교적인 계율과 의례에 대한 집착[계금취戒禁取]' '의심疑心'의 세 가지 족쇄가 완전히 풀려 진리의 흐름에 든 성자이고, '사다함(일환자)'은 이 세 가지 족쇄가 완전히 풀렸을 뿐만 아니라, 감각적 욕망인 '탐貪'과 적의인 '진瞋'이라는 두 족쇄가 아주 엷어진 성자이다. '아나함(불환자)'은 다섯 가지 낮은 단계의 족쇄[오하분결五下分結]가 완전히 풀려나간 성자이고, 마지막의 아라한은 10가지의 모든 족쇄(오하분결五下分結과 오상분결五上分結)를 다 풀어버린 성자이다.

《법구경》〈세상의 품〉 제178에서 붓다는 이렇게 말했다.

"지상에서의 유일한 왕권보다
천상계로 가는 것보다
전 세계를 지배하는 것보다

진리의 흐름에 든 성자가 훨씬 더 탁월하다 하리."

위의《법구경》에서 노래하는 '진리의 흐름에 든 성자聖者'가 되기 위해서, 본《반야심경》역시 초기불교의 교학체계와 수행체계인 '실참實參' 수행을 통해야 한다고 강조한다.

계·정·혜(삼학三學)에 대응하는 8정도, 즉 중도中道에 의지해서 보리菩提를 깨닫고, 필경에는 부처님 가르침의 궁극적인 목표인 프라즈냐(지혜智慧)의 완성인 해탈 열반을 성취한다는 것이 인도 갑돌이가 창안한《반야심경》의 대의大意이고, 또한《반야심경》말미의 다섯 만트라에 숨겨진 핵심 내용이며, 비밀스런 암호이다.

이 신비스럽고[시대신주是大神呪], 밝고[시대명주是大明呪], 위 없고[시무상주是無上呪], 비교할 수 없고[시무등등주是無等等呪], 모든 고통을 없애주는[능제일체고能除一切苦] 만트라는 3학, 즉 8정도라는 사실을 확연하게 알았으니, 이제 '불안정[고苦, Dukkha]한 시공간時空間의 흐름이라는 족쇄에 묶여 사악처四惡處(지옥, 아귀, 축생, 수라)라는 불행한 곳으로 갈 것인가, 다시 인간 내지 천상세계로 갈 것인가, 부처님 가르침을 따라 궁극적 행복인 해탈 열반의 세계로 갈 것인가에 대한 로드맵은 본《반야심경》의 내용에서 이제 명확하게 밝혀졌다. 그 길의 선택은 오직 이 순간 독자 스스로가 결정해야 할 몫이다.

한문《반야심경》

摩訶般若波羅蜜多心經[16]

관자재보살 행심반야바라밀다시 조견오온개공 도일체고액
觀自在菩薩 行深般若波羅密多時 照見五蘊皆空 度一切苦厄

사리자 색불이공 공불이색 색즉시공 공즉시색 수상행식 역부여시
舍利子 色不異空 空不異色 色卽是空 空卽是色 受想行識 亦復如是

사리자 시제법공상 불생불멸 불구부정 부증불감
舍利子 是諸法空相 不生不滅 不垢不淨 不增不減

시고 공중무색 무수상행식 무안이비설신의 무색성향미촉법
是故 空中無色 無受想行識 無眼耳鼻舌身意 無色聲香味觸法

무안계 내지 무의식계 무무명 역무무명진
無眼界 乃至 無意識界 無無明 亦無無明盡

---

16   서기 649년에 당나라 현장이 산스크리트 원전에서 번역한 것이다.

내지 무노사 역무노사진 무고집멸도 무지 역무득
乃至 無老死 亦無老死盡 無苦集滅道 無智 亦無得

이무소득고 보리살타 의반야바라밀다
以無所得故 菩提薩陀 依般若波羅密多

고심무가애 무가애고 무유공포 원리전도몽상 구경열반
故心無罣碍 無罣碍故 無有恐怖 遠離顚倒夢想 究竟涅槃

삼세제불 의반야바라밀다 고득아뇩다라삼먁삼보리
三世諸佛依般若波羅密多 故得阿耨多羅三藐三菩提

고지반야바라밀다 시대신주 시대명주 시무상주 시무등등주
故知般若波羅密多 是大神呪 是大明呪 是無上呪 是無等等呪

능제일체고 진실불허 고설반야바라밀다주 즉설주왈
能除一切苦 眞實不虛 故說般若波羅密多呪 卽說呪曰

아제아제 바라아제 바라승아제 보리 사바하
揭諦揭諦 波羅揭諦 波羅僧揭諦 菩提 娑婆訶

산스크리트 《반야심경》

Prajñā-pāramitā-hṛdaya-sūtra[17]

Āryāvalokiteśvaro bodhisattvo gambhīraṁ prajñāpāramitācaryāṁ caramāṇo vyavalokayati sma pañcaskandhāḥ tāṁśca svabhāvaśūnyān paśyati sma.

iha Śāriputra rūpaṁ śūnyatā śūnayataiva rūpaṁ rūpānna pṛthak śūnyatā śūnyatāyā na pṛthagrūpaṁ yadrūpaṁ sā śūnyatā yā śūnyatā tadrūpaṁ evameva vedanāsaṁjñāsaṁskāravijñānām.

iha Śāriputra sarvadharmāḥ śūnyatālakaṇā anutpannā aniruddhā amalā avimalā anūnā aparipūrṇāḥ

tasmācchāriputra śūnyatāyāṁ na rūpaṁ na vedanā na saṁjñā na

---

17 이 소본小本 《반야심경》의 산스크리트 사본寫本은 일본의 법륭사法隆寺에 보존되어 있
는데, 서기 609년 오오노 이모꼬小野妹子라는 사람이 중국으로부터 전래 받은 것이라고
전해진다. (이기영 역해, 《반야심경》, 한국불교연구원, 1999.)

248

saṁskārā na vijñānaṁ na cakṣuḥ śrotraghrāṇajihvākāyamanāṁsi

na rūpaśabdagandharasaspraṣṭavyadharmāḥ

na cakṣūrdhāturyāvanna manovijñānadhātuḥ na vidyā nāvidyā

na vidyākṣayo nāvidyākṣayo yāvanna jarāmaraṇaṁ

na jarāmaraṇakṣayo na duḥkhasamudayanirodhamārgā na

jñānaṁ na prāptir nābhisamayas

tasmādaprāptitvāt bodhisattvasya prajñāpāramitāmāśritya

viharato 'cittāvaraṇaḥ.

cittāvaraṇanāstitvādatrasto viparyāsātikrānto niṣṭhanirvāṇaḥ

tryadhvavyavasthitāḥ sarvabuddhāḥ

prajñāpāramitāmāśrityānuttarāṁ samyak

saṁbodhimabhisaṁbuddhāḥ

tasmājjñātavyam prajñāpāramitā mahāmantro mahāvidyāmantro

'nuttaramantro' samasamamantraḥ

sarvaduḥkhapraśamanaḥ satyamamithyatvāt tadyathā

gategate pāragate pārasaṁgate bodhi svāhā

고타마 붓다가
가르친
깨어남의 길,
그것과 다르지 않다

이 책은 평소에 《반야심경》에 대해서 관심이 있고, 더 나아가서 《반야심경》의 의미를 알고 싶어 다른 해석서도 읽고 생각도 해본 이들, 그리고 《반야심경》에 대해서 연구를 했거나 하고 있는 분들을 위하여 쓴 체험적 논고論考이다. 이 논고는 《반야심경》을 들어본 적이 없거나 들었어도 그것에 큰 관심이 없는 이들에게는 별로 도움이 안 될 것이라고 생각한다.

이 책은 김사철·황경환 공저로 되어 있는데, 여기에 대해서 독자들에게 한마디 전하고 싶다. 모든 일이 그렇지만 이 책의 출간도 책을 써서 세상에 출간하겠다는 의욕과 이런 책을 쓸 수 있는 능력이 고루 갖추어져야 하는데, 필자는 전혀 그런 의욕이 없었다. 그런데 황경환 선생은 사업가이지만 불교에 관심이 많고, 특히 이 《반야심경》 원문에 담겨 있는 깊은 뜻을 좀 더 상세히 해석하는 논고를 세상에 출간하겠다는 대단한 의욕에 넘쳐 있었다.

황경환 선생의 이런 집요한 설득에 감동받아 그와 함께 이 책을 쓰게 되었고, 또한 그는 책을 출간하는 모든 잡무를 떠맡아서 처리했다. 필자가 이 책을 쓰기 위해 8개월 동안 서울에 머물면서 구상하고 집필하는 데 필요한 모든 경비를 그가 부담했다.

붓다의 이상을 뒤에 숨어 조용하게 세상에 전파하려는 황경환 선생의 불사佛事 정신을 높이 평가하여, 그의 겸손한 고사에도 불구하고 이 책의 공저자로 삼았다. 그러니까 이 책의 내용에 대해서 과오가 있다면 그 책임은 전적으로 김사철에게 있고, 황경환 선생에게는 없다는 것을 분명히 밝혀둔다. 그 대신이 책을 세상에 출간하는 모든 행정적 책임은 황경환에게 있다는 것도 밝혀둔다.

마지막으로 황경환 선생의 주선으로 이 책의 추천문을 써주신 한국불교연구원 정병조 박사와 일초 스님께 감사드린다.

캘리포니아 풀러턴에서
김사철

김사철金思哲 박사 약력

- 1934년 12월 경남 마산에서 출생(미국 시민권, Edward Kim)

학력
- 뉴멕시코 주립대학교 박사(1968~1973)
  전공: 수학, 부전공: 전산학
- 뉴멕시코 주립대학교 석사(1964~1966)
  전공: 수학
- 샌프란시스코 대학교 학사(1962~1964)
  전공: 수학(이 대학교를 다니기 전에 오클라호마 센츄럴 대학, 오클라호마 시립대학, 오클라호마 대학에서 화학 전공: 1959~1960)
- 도쿄 시바우라 대학 수료(1954~1958)
  전공: 공업화학
- 도쿄 코이시까와 고등학교 졸업(1951~1954)

경력
- 창원대학교 공과대학 산업공학과 객원교수(1995~1996)
- 동국대학교 공과대학 산업공학과 객원교수(1997~1998)
- 사단법인 한국불교연구원 강사(1997~1998)
- 휴즈 社, 그라운드 시스템 그룹(1973. 7~1993. 12): 로지스틱스 시스템 공학 책임연구원
- 하이멕스(인공지능 군사무기 진단전문가시스템)의 미연방·유럽 특허 소유(1992)
- 1988 우수발명상 그룹 수상
- 포아송 분포 예비품 최저화 시스템 구축
- 다단계 예비품 최적화를 위한 시뮬레이더 구축에 대한 기술 지도사
- 휴즈 항공사의 중앙 전산 실시에서 다행렬(多行列)·다사열(多事列)를 위한 자동 스케줄리에 대한 기술 지도자.
- 버지니아주의 윌리암스 버그에 위치한 William &Mary 대학에서 강사 역임(1966~1968)
- 원가 합리화 및 설비 일정을 위한 군사 혼합 제조 시스템용 거대 시뮬레이더의 구축에 대한 기술 지도자.

- 휴즈의 그라운드 시스템 그룹에서의 주 업적
  - 무기 시스템 진단을 위한 인공지능 분야의 책임연구원. 이 연구 활동의 기간은 1982년부터 1992년까지였고 프로젝트 비용은 수백만 달러였다.
  - 전 무기 시스템을 위한 대규모의 완전 전산화된 "예비 시스템(Provisioning System)의 실시와 시스템 공학에 대한 기술 지도자(2년간): 이 시스템이 가지는 데이터베이스는 이미 세계에서 가장 큰 것 중의 하나이다(2년간의 노력에 대한 특별상 수상).
  - "Combat Grande"를 위한 완전 전산화된 로지스틱 시스템인 "Combat System"의 주 설계자(2년간): "Combat Grande"은 스페인의 Torrejon 공군 기지에 위치한 NATO 공군방어 시스템의 남쪽 부분이다.
  - 전 그룹에 대한 전산화된 재정 시스템의 경영 정보 이론 평가 및 새로운 설계에 대한 기술 지도자

연구논문
- "Nonlinear Global Optimization through Homotopic Deformation"(뉴멕시코 주립대학교, 1973)
- "Application of Artificial Intelligence to Naval Weapon Systems"(창원대학교)
- "A functional Approach to Support Systems Engineering"(창원대학교)
- "An Essay on 'Know Thyself'"(창원대학교)
- "Nonlinear Global Optimization", A paper at Operations Research Society of America Symposium, Atlanta(1968)

인간 삶의 참 가치를 바르게 파악하게 해준 다섯 분의 나의 스승

시간은 영원을 돌고 도는 수레바퀴와 같다. 내 길지 않은 삶의 여정 속에서 끊임없이 부침을 거듭해 온 것은 불교에 대한 관심이었다. 아마 전생부터의 업장 때문이었을까? 나의 삶은 불교에 대한 관심으로 일관하였고, 그 속에 잊을 수 없는 다섯 분과의 만남이 있었다. 그들은 내 삶의 스승이었으며 또 선지식이었다.

그 첫 번째 분은 1976년 72세로 세상을 하직한 나의 아버님이시고, 두 번째 분은 1982년 세수 91세로 통도사 극락암에서 열반에 드신 경봉 큰 스님, 세 번째 분은 1996년 75세에 세상을 떠나신 한국불교연구원의 이기영 박사님, 네 번째 분은 동국대학교 인도철학과 교수를 역임하셨고, 1986년 이 세상을 하직하신 서경수 교수님, 다섯 번째 분은 인공지능에 대한 세계적인 권위자이며, 미국의 휴즈 사에서 21년간 원로 과학자로 근무하시다 고타마 명상에 심취하여 1993년 12월 회사 생활을 마감하고 현재 미국 캘리포니아 풀러턴에서 명상에 전념하고 계시는 김사철(미국명: Edward Kim) 박사님이다.

이 다섯 분의 스승들께서는 모두 당신 나름대로 나에게 불교라는 중요한 메시지를 전해주셨는데, 모두가 직접 체험하고 익히고 수행했던 바를 내 의식에 깊이 사무치게 하신 분들이었다. 이 다섯 스승과의 만남에서 영원히 잊지 못할, 수많은 대화와 일화들을 이 기회에 한두 부분 소개하고자 한다. 수행의 길을 걷고 있는 도반들의 공부에 자그마한 도움이 될까 하는 기대 때문이다.

첫 번째 스승인 우리 아버님은 일본에서 약 30년간을 생활하시다가 해방 후 한국으로 돌아와 조그마한 배 한 척을 가지고 해상 운송업을 하셨고, 말년에는 정미소를 하시다가 세상을 떠나셨다. 아버님께서는 생전에 늘 관세음보살을 지극히 염송하시곤 했는데, 나는 어릴 때부터 아버님으로부터 불교와 관련된 흥미로운 이야기를 많이 들었다.

아버님이 해주신 이야기는 그냥 구전으로 전해 내려오는 신화적인 신통과 기적에 대한 것이 대부분이었는데, 어느 날 종전과는 다른 특별한 이야기보따리를 풀어놓으셨다. 계절은 늦은 가을. 스산한 바람이 불어와 가지 떠난 잎새들이 바람에 나부끼고, 해는 금방 서산으로 넘어가 어둠 사리가 막 밀려올 때쯤. 우리 두 부자는 저녁밥을 막 먹고 난 뒤였다.

이야기의 요지는 이렇다. 아버님은 내가 태어나기 전에, 작은 배 한 척을 가지고 해상 운송 사업을 하실 때 바다에서 죽음의 문턱에 이르렀다가 기적적으로 살아난 적이 있는데, 이것은 보통사람의 사량으로는 도무지 가늠할 수 없는 관세음보살님의 확실한 가피력이라는 것이었다. 이야기를 마무리하시면서 아버님은 불현듯 모든 인간은 누구나 태어나면 죽을 수밖에 없다는 말씀을 하셨다. 죽는다는 이야기를 듣는 순간 불안하고 초조했던 그 날의 충격을 나는 말로 다 표현할 수 없었다. 어둠이 깔려 보일 듯 말 듯한 먼 산을 망부석처럼 멍하니 바라보면서 나는 형언할 수 없는 두려움에 몸을 떨었다. 그때 나의 나이 9살 정도, 초등학교 3학년쯤으로 기억한다.

그 당시 있었던 이야기가 지금도 나의 뇌리에 생생한 기억으로 남아있다. 그러시면서 불교 공부를 소홀히 말라 하셨던 간곡한 말씀이 오늘 내가 이런 글을 쓰게 된 최초의 동기라고 생각한다. 아버님이 체험하셨다는 그 기적 이야기는 다음에 할 기회가 있으리라 생각되어 여기서는 생략한다.

두 번째 스승이신 경봉 스님과의 인연은 스님께서 열반에 드신 1982년 7월까지 약 12년간 지속되었다. '통도사' 하면 경봉 스님을 연상케 할 정도로 유명한 분인 만큼, 노장님의 행적은 널리 알려져 있었다. 큰스님에 대해서는 극락암에서 발간한 책에 여러 차례 상세히 소개되어 있고, 당시에 설법하신 내용도 테이프로 제작되어 널리 유포되었기에 자세한 내용은 생략하기로 한다.

다만 큰스님 생존 시 매월 첫 일요일은 틀림없이 법회가 열렸는데, 나는 스님과 인연 맺은 이후 스님께서 열반에 드실 때까지 십수 년 동안을 이 법회에 꼭 한번 빠지고 모두 참석했다. 스님의 설법에 얼마나 매료되었는지를 짐작하게 한다.

스님께서는 여러 말씀 중에서 항상 "주인공을 찾아라"라는 말씀을 반복하셨다. 나그네가 길을 가다 해가 저물면 남의 집에 하루 유숙하고 가도 잘 쉬었다 간다고 주인을 찾는데, 평생을 묵고 쉬어가도 주인 한번 안 찾는다는 게 말이 되나 하시면서 여러 대중들에게 나무라시는 투로 자주 이 말씀을 하시곤 했다.

하루가 24시간인데 9시간 일하고 8시간 잠자고 4시간을 놀아도 3시간이 남으니, 이 3시간 중 단 30분, 아니 단 10분이라도 나를 끌고 다니는 이 주인공을 찾아보라는 그 말씀은 아직도 나의 뇌리를 떠나지 않는다. 나는 스님이 떠나시고 난 한참 후에야 그 말씀의 의미에 한없는 눈물을 흘린 적이 있다.

나는 스님께 여러 이야기를 질문할 기회가 많았다. 그때마다 스님은 이해가 될 수 있도록 상세히 말씀해 주셨지만, 나는 어리둥절해 하곤 했다. 그런 나의 모습을 보고 조금은 답답하다는 듯이 말씀하시기를, "내가 먹어본 사과 맛을 나에게 맛이 어떠냐고 네가 물으면 나는 기껏해야 '달다' '시다' 정도밖에 표현할 수가 없지 않겠느냐. 진짜 맛은 그대가 직접 먹어보아야 안다"고 하셨다. 스님은 항상 자비로웠고 포근했다.

가실 날을 얼마 남겨두지 않았음을 예측하셨던 것일까. 열반에 드시기 며칠 전 스님을 뵈었더니 "부모미생전 본래 면목을 찾아라"라는 화두를 내게 던져주셨다. 이것이 스님과의 마지막 만남이 되었다.

열반하신 후 스님의 위패를 극락암 삼소굴에서 다비장 입구까지 나의 승용차로 운구하게 되었다. 이날 스님이 떠나시는 길을 보기 위해 전국에서 모여든 인파가 얼마나 많았던지, 넓은 극락암 마당을 다 채우고 다비장 입구까지 4~5킬로 되는 연도에 수많은 불자들이 늘어서 합장 배례하였다. 이 모습을 보고 스님의 세계를 다시 한번 짐작할 수 있었다. 나는 속으로 이렇게 중얼거렸다. 스님께서 평소 여러 대중들에게 사바세계를 무대로 해서 연극 한번 잘하고 가라 하시더니, 연극 한번 잘하고 가는 것이 이런 것이로구나 하고 말이다.

세 번째 스승인 이기영 박사님은 내가 1970년도 중반쯤 부산 동명불원 낙성식에 갔다가 처음 뵙게 된 인연이었다. 동명불원은 부산 동명목재 강석진 사장이 지은 절로 매우 웅장했고, 건축 양식이 아름답다는 소문이 파다하였다. 호기심 많은 나는 이 절 낙성식에 참석하게 되었는데, 그때 이기영 박사님이 축사를 하셨다. 당시 박사님은 동명불원의 아름다운 건축 양식을 찬탄하시면서, 옆의 기둥 4개와 앞의 기둥 8개가 부처님 교설의 핵심인 사제와 팔정도를 의미하는 것 같다고 말씀을 하셨다. 사제와 팔정도에 대해 평소 대충 의미는 '이런 것이다'라고 생각했었는데, 그날은 그 의미가 매우 새롭게 들렸다.

이것이 계기가 되어 교학에 관심을 두게 되었고, 1977년 통도사 화엄전에서 한국불교연구원 주최의 하계수련회에 처음 참석하여 이기영 박사님께 인사를 드리게 되었다. 바로 이것이 내가 한국불교연구원 이사와 연구위원이라는 직함을 25여 년간 가지게 된 계기였다.

지금 나의 불명 '무진'도 그때 하계수련회를 회향하는 날 통도사 벽안 스님이 내려주신 법명이다. 이러한 인연이 이어져 한국불교연구원에서 주최하는 하계수련회(당시 4박 5일간)와 기초교리강좌(당시 7일간)의 두 행사에 1990년대 초반까지 열심히 참석했던 것으로 기억한다. 돌이켜보면 이러한 경험들이 감수성이 진하고 모험심이 많았던 나를 진흙탕에 떨어지지 않게 하는 힘이 되었다고 생각된다.

1970년대 후반쯤 어느 동짓날의 일로 기억한다. 그때 부산 구도회에 겨울 기초교리강좌가 열리고 있어, 이기영 박사님과

당시 동국대학교 인도철학과 교수로 계시던 서경수 교수님이
부산에 내려와 계셨다.

　나는 두 교수님을 모시고 극락암 경봉 스님께 문안 인사를 드
리러 가게 되었다. 물론 두 분의 교수님도 경봉 스님과는 평소
남다른 교분이 있음을 나는 잘 알고 있었다. 삼소굴 문을 열고
들어간 두 분은 스님께, "스님, 이기영이와 서경수가 왔습니다"
하고 절을 올렸다. 그러자 스님은 "어떻게 왔노" 하신다. "예,
부산 구도회 기초교리강좌를 하는 중에 문안 인사 왔습니다."
스님께서는 "엉 그래, 대중 앞에 나가서 부처님 말씀을 전한다
는 것이 산에 들어가서 맨손으로 범을 잡는 것보다 더 어렵데
이"라고 하셨다. 두 교수님은 "예, 스님 알겠습니다"라고 화답
을 드렸다. 그러자 스님께서는 옆에 있던 명정 스님더러 "명정
아, 저 광에 있는 인삼 두 통만 가지고 오너라" 하시더니 두 분
에게 한 통씩 나눠주시면서 "힘든데 푹 고아 먹어라"라고 하셨
다. "감사합니다, 스님"하고 일어서려는데, 스님께서는 두 분에
게 "손바닥 한번 펴봐라"라고 하시더니 내민 두 분의 손바닥을
탁탁 치시면서 "알겠나?" 이러신다. 갑작스러운 일에 두 교수님
은 조금 당황하는 듯하다가 "예, 알겠습니다. 스님" 하셨다.

　그때 옆에서 이 장면을 지켜보고 있던 내 짐작으로는 "알겠
습니다"라고 하시는 말씀이 별로 자신이 없어 보이는 것 같았
다. 그래서 나는 내심으로 이렇게 중얼거렸다. '알겠다고 대답

을 하기는 했는데, 잘 모르는 것 아닌가?' 아무튼, 이렇게 스님의 처소를 나와 극락암 후원에서 동지 팥죽을 맛있게 먹고 돌아왔다. 그때의 일이 지금도 아름다운 추억으로 가슴 깊이 남아있다.

네 번째 스승이신 서경수 교수님께서는 동국대학교 재임 시에도, 한국불교연구원에서도 이기영 박사님과 항상 죽마고우처럼 지내시던 분이었다. 서경수 교수님께서는 나를 무척이나 사랑해주셨다.

내가 온산에서 주유소 사업을 처음 개업할 때, 스리랑카 대학 총장 스님과 몇 분의 남방 스님을 모시고 오셔서 몇 시간 동안 불경을 암송하시면서 개업을 축하해주셨다. 교수님은 여러 권의 책을 집필하셨는데, 특히 현대불교 신서 시리즈 제3,《미린다 팡하》라는 번역서는 불교 공부를 하는 나에게 큰 도움이 되었다.

다섯 번째 나의 스승 김사철 박사님은 그동안 내 의식 안에 있던, 깨어나는 데 도움 되지 않는 잡다한 불교 지식을 깨끗이 청소시켜주셨다. 그다음, 깨어나는 데 도움이 되는 이론, 즉 고타마의 말씀처럼 '실험을 통해서 증명하고, 그 증명된 것만 확신하라'는 과학적 바탕 위에서 불교 교학을 지도해 주셨다. 본《반야심경》의 원문 해석도 사실 공저라고 했지만, 핵심적인 내용은 거의 김사철 박사님의 지식과 체험에서 나온 것임을 밝혀둔다.

나는 에디(김사철 박사님의 英文名)와 함께 7년여 동안 많은 이야기를 주고받았다. 그 이야기의 모두가 현대과학 이론과 다르마에 관한 이야기로서, 지금도 지속되고 있다. 내가 그릇되게 알고 희미하게 알고 있던 경전의 내용은 물론, 수 없는 법문과 강의에서 확실히 납득할 수 없었던 의문들을 거의 사라지게 해주셨다. 그래서 나는 고타마 이론에 대해 확신을 하게 되었고, 또한 그때까지 내가 변하지 않았던 이유를 확실히 알게 되었다.

"불교는 내가 변하는 공부다." 삼독三毒에 찌들어 있는 나로부터 자慈·비悲·희喜·사捨라는 사무량심의 정자를 건립해 나가는, '나'로 변해가는 공부다. 탐·진·치의 삼독에서 한 걸음도 나아갈 수 없는 중독의 상태에 내가 처해 있는데, 부처님 말씀이라고, 또는 조사님의 말씀이라고 들은 천언만설千言萬說이 나를 이 중독으로부터 해독시키는 양약이 되지 못한다면 도대체 무슨 의미가 있겠는가?

사실 나는 이때부터 부처님 가르침의 핵심인 고귀한 네 가지 진실, 여덟 겹의 길, 열두 고리 사슬, 즉 사제와 팔정도와 십이연기의 의미를 확실하게 이해하는 계기를 맞이하게 되었다. 나의 모든 일을 이 가르침에 연결 짓고, 이 길을 가는 데 도움이 된다면 무엇이든 주저하지 않을 것이며, 이 길에 도움이 되지 않는다면 거부하리라고 결심하게 되었다. 물론 때로는 흙탕물에 발을 적시는 일도 있을 것이다. 그러나 그런 것은 이제 걱정하지 않는다. 왜냐하면, 흙탕물에 발을 적시는 순간, 적시고 있다는 사실을 깨달을 수 있는 '삼마사띠samma-sati', 즉 '바르게 깨닫기'가 있기 때문이다.

'인과'란 정말 묘한 것이다. 반백 년을 살아오면서 그러한 인과의 굽이를 맞을 때마다 '아-하 그렇구나!' 하고 느꼈던 때가 한두 번이 아니다. 그중에서도 특히 에디와 나의 관계는 더욱 그러하다. 우리는 인과의 법칙에 대해 쉽게 말하는 경향이 없지 않다. 그러나 그러면서도 한 치의 오차도 없는 '인과因果'의 법칙을 실존적으로 경험하게 될 때, 일거수일투족을 조금도 소홀히 할 수 없음을 깨닫게 된다.

아름다운 만남은 아름다운 만남의 인과 속에 있고,
괴로운 만남은 괴로운 만남의 인과 속에 있네.
누가 주고 누가 받는가, 모두가 나로부터 일어나는 일인 것을!

나는 에디와의 이 소중한 만남을 더욱 의미 있는 만남으로 승화시키려고 다짐한다. 나의 삭까야가 이 지구상에 머무는 그 날까지, 그리고 내 삭까야가 나의 심부름을 할 수 있는 그 날까지.

고타마가 직접 말씀하신 초월 언어, 즉 빠라마아타에 내포된 의미를 정확히 알고 실천하며, 또 깨어나기 위해 노력하는 우리의 도반들에게도 알리는 일에 최선을 다하리라 다짐해 본다.

끝으로 또 한 분의 소중한 만남을 소개하지 않을 수 없다. 이 책에 대해 추천의 글을 써 주신 정병조 박사님이시다. 정 박사님과 나는 사단법인 한국불교연구원에서 거의 25여 년간 함께 활동했을 뿐만 아니라, 내가 동국대학교 교육대학원에서 2년 6개월 동안 윤리교육 전공을 택해서 공부할 때 "신라불교의 윤리적 성격에 관한 연구"라는 주제로 논문을 쓰게 해주신 지도교수님이다. 내가 이수한 과정은 연구과정에 불과했지만, 나의 삶이 곧 불교가 되는 간단치 않은 세파世波의 여정에서, 신라 1000년의 찬란한 역사에 기반을 둔 불교 윤리관에 관한 연구는 나의 불교 공부에 큰 원군이 되었다. 그래서 이 기회에 정 박사님께 그 고마움을 전하고 싶다. 그리고 일초 스님의 큰 격려에도 깊은 감사를 올린다.

달마가 동쪽으로 간 까닭이 어디에 있었던가. 그것은 혜가를 만난 데 있었으리라. 《화엄경》의 백미인 〈입법계품〉의 선재 동자의 여정은 53 선지식을 만나는 데 그 이유가 있었다. 신라의 구법승 혜초 스님 또한 고타마의 진실한 법을 만나기 위해, 떠나면 다시 돌아올 기약 없는 이역만리 서역 땅으로 향했다.

우리 불제자들도 이 법과의 만남을 위해 용기를 가지고 길을 나서자. 그 길을 알아 법法을 실천하는 이가 되자. 프라즈냐 파라미타의 완성을 통해 생사의 윤회를 훨훨 벗어던지자. 그리고 빛과 사랑과 자유가 충만한 우리들의 본래 고향, 열반의 언덕으로 돌아가자. 모든 사람은 깨어날 수 있다! 그렇다. 자갈치시장에서 장사를 하든, 바다에서 고기를 잡든, 농사일을 하든, 유식하든 무식하든, 신분 고하를 떠나자. 그것은 깨어나는 것과 아무 관계가 없다. 누구나 바르게 길을 알고 실천하면, 부처님께서 우리에게 가르쳐 주신 고귀한 네 가지 진실[사성제四聖諦]을 통해 '고통'과 '고통의 소멸'은 금생에 성취 가능한 일이다. 이 책이 그 깨어남에 필요한 하나의 참고서가 되었으면 한다.

서기3, 4세기경, 일명 '인도 갑돌이'라는 보살菩薩(boddhi-sattva)이 고타마 붓다께서 제시해주신 그 깨어남의 길을 여기에서 밝히고 있다. 이《반야심경》의 내용은 사성제四聖諦와 고귀한 여덟 겹의 길(ariya-aṭṭhaṅgika-magga)을 실천하고 거기에서 얻은 결과를 자기의 화법으로 우리에게 보고한 것이다.

2002년 7월
경주 남산 심우산방에서
황경환

명상에서
깨달음의 요체를

불교는 깨달음의 종교이다. 팔만사천 법문의 알파와 오메가는 그 깨달음에 이르는 길이다. 깨달음이란 인간 본래의 모습을 회복한다는 뜻이다. 부처님은 인간이 결코 지금과 같은 야수적 본능의 존재로 살아서는 안 된다는 것을 가르쳤고, 몸으로 실천한 분이다. 따라서 불교 공부는 결국 이 깨달음에 이르는 방편이라고 말할 수 있다.

《반야심경》은 부처님 가르침 가운데서도 가장 간결하고 핵심적인 내용을 담고 있다. 한국에서는 현장玄奘 스님의 한문 번역본이 널리 유통되고 있지만, 그 외에도 다섯 가지 한역본과 티베트 번역, 몽고 번역본 등이 이른바 불교 문화권에서는 독송용으로 널리 유포되어왔다. 글은 짧지만 뜻은 깊다. 표현은 간결하지만 내용은 그윽하다. 그래서 불교 공부 한답시고 행세하는 이 치고 이《반야심경》에 대한 연구서를 내지 않은 이가 드물 정도이다.

한문 문화권만 살펴보더라도 2백여 종류의 주석서가《고려대장경》,《만卍속장경》,《대정신수대장경》등에 산재해 있다. 연대도 당나라에서 명청明淸에 이르기까지 꾸준히 지속되어왔다. 신라 시대의《반야심경》주석서로는 원효의 소疏와 원측의 찬贊이 꼽힌다. 불행히《원효소元曉疏》는 없어져 버렸지만 원측의《심경찬心經贊》은 아직 남아 있다.

이번 출판된 김사철·황경환 공저의《반야심경》해설서는 깨달음의 요체를 명상에서 찾으려 한 특이한 경우이다. 두 분은 오랫동안 명상을 연마한 만큼, 독자들은 살아 숨 쉬는 듯한 체험의 느낌을 전달받을 수 있으리라고 본다.

김사철 박사는 오랫동안 미국 생활을 하였고, 창원대, 동국대 등의 객원교수를 역임한 분이다. 인공지능이라는 컴퓨터 과학의 첨단 연구자로서 최근에는 명상을 통한 불교 이해의 새 지평을 열어가고 있다. 황경환 선생은 우리불교연구원의 연구위원이자 이사로 재직 중인 사업가이다. 불교에 대한 이해와 실천이 남달라서 언제나 학구적인 분위기로 정진하고 있는 나의 도반이다.

작년 가을쯤에 처음 원고를 접한 이래, 매우 특이한 불교 이해라고 생각하고 있었다. 이제 만인과 더불어 그 명상의 지혜를 나눌 기회가 생겼다. 독자들은 이 책에 담겨 있는 의미 속의 의미에 천착해주기 바란다. 이 소중한 인연을 통해 좀 더 많은 이들이 부처님의 크신 지혜의 바다로 들어오게 되기를 기원하면서….

법해法海 정병조(한국불교연구원장) 합장

씨줄과
날줄처럼 짜인

씨줄과 날줄처럼 짜인 정신과 육체, 그리고 의식의 혼합체, 그 것이 중생이며, 그 중생의 하나가 인간이다. 그렇게 짜인 상태에서 무한한 고통과 때로는 즐거움, 그 어느 것이라 해도 모두 버려야 하는 늙음과 죽음이 있다.

그것의 깊이를 알고자 인간의 모든 욕망을 버렸던 한 청년에 의하여 늙음과 죽음의 깊고 깊은 비밀이 드러났다. 바로 이 늙음과 죽음을 타파해 들어가는 것이 수행이며, 그것으로부터 자유로워지는 방법을 가르치는 것이 불교이다.

나는 항상 부처님이 남기신 경전들을 가까이하면서, 수행 과정에서 얻게 되는 경계들을 모든 사람에게 좀 적나라하고 아주 간편하게 우리의 말과 글로써 전할 수 있는 방법이 없을까 하는 안타까움이 많았다.

아침저녁으로 《반야심경》을 독송하는 불자들이 많다. 부처님의 모든 가르침의 근본이라 할 수 있는 이 경을 독송하면서 '오온개공五蘊皆空'의 뜻을 얼마나 이해하고 있을까? 오온개공만 투철히 알면 인간이 그렇게 두려워하는 늙음과 죽음으로부터 벗어날 수 있다는데, 과연 그러할까? 물질[색色]이 타파되면 그 물질에 끌려다니던 나의 마음은 어떻게 될까? 중생의 눈으로 보는 것과는 다른 어떠한 마음이 생길까? 느낌[수受]이 타파되면 내 마음의 경계는 얼마나 더 높고 넓어질까? 인식[상想]이 타파되고 미세한 마음의 움직임[행行]이 사라지고 의식[식識]이 무너지면서 일어나는 경계는 또한 어떠할까?

그 씨줄과 날줄처럼 짜인 상태에서 이것(신身)을 밀어내면 저것(심心)과 함께해야 하고, 저것을 당기면 이것과 함께해야 하는 얽힘의 세계를 우리는 살아간다. 바로 그것이 하나하나 풀리는 자유로움, 거기에서 얻어지는 안락과 적정 그리고 해탈의 말씀이 여기 있다.

본문에서 인용하고 있듯이, "너의 삭까야의 물질, 느낌, 인식, 심리현상, 의식에 대해 '나다, 나 자신이다'라고 하는데, 과연 너는 너의 물질, 느낌, 인식, 심리현상, 의식을 지배하고 조종할 수 있는 힘을 가지고 있는가? 네가 너의 의식에게 이렇게 저렇게 변해라 하면 너의 의식이 이렇게 저렇게 너의 명령대로 변해지는가?"라고 악기베싸나에게 물으시는 부처님의 그 물음은 바로 우리 모두에게 물으시는 말씀이기도 하다.

수행의 과정에서 얻게 되는 도과道果의 지위를 나누어 말씀하신 것이 수행의 방법이요 관법觀法이다. 그러나 오직 참선을 통해서만 마음을 깨칠 수 있다는 중국풍에 물들어버린 한국 불교의 현실에서 이와 같은 방법은 지견이 낮은 공부인이나 하는 것인 양 취급되기 일쑤였다.

불교는 수행을 근본으로 삼는 종교라고 흔히들 말하는데, 간단한 수행의 지침서 하나를 요구할 적에 너무 많은 부담을 주는, 부피가 큰 경을 권한다는 것이 어려웠다. 또한 권한다 해도 북전北傳의 거친 한문권의 경전은 도무지 이해하기가 쉽지 않다. 그러던 중 김사철 박사와 황경환 거사님이 우리말로 설명하신 《반야심경》 원고를 대하고 단 한 번에 읽어 내려가면서, 이제야 그 누군가가 "스님, 무슨 책을 볼까요?" "불교가 무엇입니까?" 하면 서슴없이 "이것을 보십시오!"라고 할 수 있다는 마음에 기쁨을 감추지 못했다.

사람들은 불교가 어렵다고 한다. 그러나 불교가 어려운 것이 아니라 인간의 게으른 마음이 어려운 것이다. 참으로 자유로운 자는 어떠한 것이 자유인지를 모른다.

일초一超 (동학사 승가대학 학장)

참고문헌

《맛지마니까야》, 전재성 저, 한국빠알리성전협회, 2002.

《쌍윳따니까야》 1~11권, 전재성 저, 한국빠알리성전협회, 1999~2002.

《앙굿따라니까야》, 전재성 저, 한국빠알리성전협회, 2007.

《숫타니파타》, 전재성 역, 한국빠알리성전협회, 2004.

《법구경 담마파다》, 전재성 저, 한국빠알리성전협회, 2008.

《테라가타-장로게경》, 전재성 저, 한국빠알리성전협회, 2016.

《테리가타-장로니게경》, 전재성 저, 한국빠알리성전협회, 2017.

《우다나-감흥어린 시구》, 전재성 저, 한국빠알리성전협회, 2009.

《빠알리-한글사전》, 전재성 편저, 한국빠알리성전협회, 1994.

《이띠붓따까 여시어경》, 전재성 저, 한국빠알리성전협회, 2012

《디가니까야》 1~3권, 각묵 스님 옮김, 초기불전연구원, 2006.

《맛지마니까야》 1~4권, 대림 스님 옮김, 초기불전연구원, 2012.

《상윳따 니까야》 1~6권, 각묵 스님 옮김, 초기불전연구원, 2009.

《앙굿따라 니까야》 1~6권, 대림 스님 옮김, 초기불전연구원, 2006.

《청정도론》1~3권, 붓다고사 저, 대림 스님 옮김, 초기불전연구원, 2004.

《아비담마 길라잡이》상·하권, 대림 스님 옮김, 초기불전연구원, 2002.

《초기불교 이해》, 각묵 스님 지음, 초기불전연구원, 2002.

《초기불교 입문》, 각묵 스님 지음, 초기불전연구원, 2014.

《金剛三昧經 新講》, 김재근, 보련각, 1980.

《신심명信心銘》, 승찬 저, 명정 스님 역주, 극락선원, 1993.

《증도가證道歌》, 영가 현각 저, 이기영 역해, 한국불교연구원, 1996.

《반야심경》, 이기영 역해(목탁신서 5 개정증보판), 한국불교연구원, 1996.

《반야심경의 세계》, 정병조 지음, 한국불교연구원, 1999.

《불교는 깨달음의 과학》, 황경환 지음, 현대불교신문사, 2020.

《인도불교사》1,2권, 에띠엔 라모뜨 저, 호진 옮김, 시공사, 2006.

《미란다팡하》, 서경수 저, 동국대역경원, 1992.

《성공하는 DNA, 실패하는 DNA》, 무라카미 가즈오 저, 이정환 옮김, 명진출판, 2005.